INTRODUCCION:

¿Un libro más sobre liderato?

Hoy día miles de personas ocupan posiciones de liderazgo. Algunas de estas personas las ejercen desde empresas privadas, públicas, eclesiásticas, etc. A estas personas les domina una personalidad carnal, otras son almáticas (emocionales) y otras espirituales. No pretendo dar cátedra de liderazgo desde una perspectiva psicológica, pues no es mi campo, más sin embargo, tras sobre 22 años de ocupar posiciones de liderato en empresas privadas y sobre 22 de hacerlo en un cargo ministerial eclesiástico, podemos decir que hemos aprendido a funcionar con balance y bastante éxito en los campos antes referidos.

Aunque este libro tratará sobre prácticas, maneras y principios efectivos de liderazgo para el tiempo que nos ha tocado vivir, y las mismas aplican a todo tipo de empresas, tendré cierta inclinación al escribir hacia lo que se refiere al campo y liderazgo en la Iglesia de Cristo. Los principios de liderazgo siempre serán los mismos aunque las formas y maneras cambien de empresa a empresa.

Primeramente, entendamos lo que es un "principio". ¿Qué es un principio? Es una guía divina y un entendimiento de los valores eternos que nos muestra la manera correcta de actuar para tener éxito en la vida. Esta guía nos conduce, nos encamina a tomar decisiones correctas basadas en las cosas eternas. Los principios son leyes divinas y eternas.

Cada uno de nosotros es producto de sus propias decisiones. Lo que decimos hoy es lo que influenciará nuestro mañana. Un líder no toma decisiones bajo una perspectiva temporal o pasajera, sino basado en principios fundamentados en una perspectiva eterna.

Hay una gran diferencia entre principios y métodos. Los principios nunca cambian. Los métodos pueden ser muchos y cambian constantemente. No se puede adaptar un método hasta que entendamos el principio en el cual está basado. O sea, que no se trata de hacer cosas nuevas o "a lo loco", sino de hacerlas después de haber revisado si al hacerlas estamos violando o estamos de acuerdo a algún principio.

Por ejemplo: existe el principio o la ley de la cosecha. Esta ley dicta que todo lo que se siembra producirá un resultado, en este caso una cosecha. Lo lógico, al conocer esta ley, es que uno espera sembrar una semilla pero no espera cosechar la misma cantidad de lo que se sembró. Si se siembra una semilla de un aguacate, se espera cosechar un árbol que dé cientos de aguacates. Ahora, ¿sembrarías si supieras que no cosecharás nada? De seguro, no. Siembras porque conoces el principio independientemente de lo que decidas sembrar. Sabes que el principio siempre funcionará no importando lo que siembres. Puedes sembrar en tierra, en agua, etc., ese sería el método.

Este libro estará basado en principios que traen como resultado un liderazgo efectivo. Hay líderes de 30, de 60 y de 100. Estaré apuntando al Liderazgo al Cien (100).

CARLOS J. CINTRÓN

LÍDER @ 100

SEA UN LÍDER COMPETENTE E INNOVADOR

Publicado por Editorial Vida Abundante Fajardo

Tel. 787-355-3655
Fax. 787-355-3645

Sitio web: ivafajardo.com
Email: info@ivafajardo.com
Fb.com/PastorCarlosCintrón

A menos que se indique lo contrario, todas las citas bíblicas han sido tomadas de la Versiones Reina-Valera, Revisión de 1960 & TLA.

Diseño de portada:
Luis Torres

LÍDER @ 100

ISBN: 978-0-9972919-0-2   CS

CONTENIDO

CONTENIDO...

CINTRONISMOS...

Un verdadero líder no busca títulos para ser reconocido; busca la Presencia de Dios para ser sostenido.

En tu vida, cada nuevo nivel que alcances, cada nuevo territorio que conquistes, te traerá nuevos enemigos, pero también mejores aliados.

No puedes detener los ataques pero sí puedes determinar cómo los enfrentas.

No se puede conquistar algo cuando uno no se dispone a lanzarse al campo de batalla.

Cuando alguien tiene visión y conquista, está actuando como un águila. Cuando alguien sólo se sostiene, alimentándose de lo conquistado por otros, actúa como un buitre.

Para ser usados primeramente hay que ser tomados. ¿Te tiene Dios?

Los resultados de tu liderato serán una respuesta a las palabras que decides hablar.

METAMORFOSIS DE UN LÍDER

Cuando hablamos de ser un líder cristiano, este es el proceso que se lleva a cabo en su transformación de laico a líder.

Conoce a Cristo = Nace de nuevo. Instantáneamente pasamos de una vieja naturaleza pecaminosa y caída a una nueva y santa. Esta nueva naturaleza viene acompañada del Espíritu Santo que viene a morar en nosotros. Éste viene con la intención de influenciar nuestra mente y por ende nuestra manera de pensar para que ya no pensemos como lo hacíamos antes con la vieja naturaleza caída o separada de Dios.

La Biblia nos dice que no "nos conformemos a este siglo..." (griego; Suche-matizo=psuche), que significa que no te dejes influenciar por lo almático, no uses tu lógica, no pienses ni razones de la manera que lo hacen las personas que no han nacido de nuevo. Por ejemplo; si te asocias a una religión, terminarás siendo una persona religiosa. Si te asocias con alguien que no cree en Dios probablemente terminarás teniendo dudas sobre Su existencia. ¿Por qué? Porque el proceso de cambio de una persona se da por lo que más le influencia. Funciona de esta manera: Fuente, Conocimiento, Pensamiento, Creencia, Confesión. O sea, una fuente nos da conocimiento. Este conocimiento produce una manera de pensar. Lo que pensamos terminamos creyéndolo y confesándolo. De eso a la práctica es solo un paso.

Mira lo que dice el evangelio en Marcos 4:

26 Decía además: Así es el reino de Dios, como cuando un hombre echa semilla en la tierra; 27y duerme y se levanta, de noche y de día, y la semilla brota y crece sin que él sepa cómo.28Porque de suyo lleva fruto la tierra, primero hierba, luego espiga, después grano lleno en la espiga; 29y cuando el fruto está maduro, en seguida se mete la hoz, porque la siega ha llegado. Mrc. 4:26-29

Estos versículos nos muestran que existen tres niveles de frutos de una misma semilla o fuente. En este mismo capítulo, verso 8, se nos confirma lo mismo:

8Pero otra parte cayó en buena tierra, y dio fruto, pues brotó y creció, y produjo a treinta, a sesenta, y al ciento por uno.

Podemos decir entonces que los niveles son:

30 = Hierba = Revelación = te revela la verdad. Nivel menos óptimo.

60 = Espiga = Transformación = mientras más verdad tengas, más rápido tendrás transformación. La transformación es en tus pensamientos y estos afectarán tu actitud, conducta, personalidad. Al afectar tu vida te lleva a;

100 = Espiga llena de grano = Manifestación = produce un nuevo estilo de vida. Nivel máximo o de cien.

30 representa el reino de la mente carnal

60 representa el reino de las emociones

100 representa el reino del Espíritu

Si leemos Romanos 12:2 veremos lo mismo implícito:

*2No os conforméis a este siglo, sino transformaos por medio de la renovación de vuestro entendimiento, para que comprobéis cuál sea la **buena voluntad** de Dios, **agradable** y **perfecta**.*

30 = Buena voluntad de Dios
60 = Agradable, aceptable voluntad de Dios
100 = Perfecta voluntad de Dios.

Podemos seguir elaborarando estos niveles;

30	60	100
Creyente	Discípulo	Hijo
Atrio	Lugar Santo	Lugar Santísimo
Jesús	Cristo	Señor
Salmista	Adorador	Intercesor

Pero ya tienes una idea y óptica para que sigas buscando en tu tiempo de estudio. El 30 (carnal) se puede ver cómo vivir en ignorancia. El 60 (emocional) vivir gobernado por las emociones, y el 100 (espiritual) como vivir en sabiduría.

ALGUNOS DATOS SOBRE LA IGNORANCIA (30):

➢ La ignorancia es mortal.

➢ La ignorancia perpetúa la enfermedad, la miseria, el fracaso, el sufrimiento.

➢ La ignorancia produce pérdidas constantes en nuestras vidas.

➢ La ignorancia es llamada en la Biblia como "andar en oscuridad".

➢ La ignorancia es la mayor enemiga de la sabiduría.

DATOS SOBRE LA SABIDURÍA (100): (Prov. 3:13-18, 8:10-21)

➢ La sabiduría se conoce en la Biblia como "andar en luz".

➢ Sabiduría es la diferencia entre pobreza y prosperidad.

➢ Sabiduría es la diferencia entre fracaso y éxito.

➢ Sabiduría es la diferencia entre caos y paz.

➢ Sabiduría es la diferencia entre tu presente y tu futuro.

➢ Dios creó los tiempos pero la sabiduría los pone en nuestra agenda.

➢ *"La exposición de tus palabras alumbra, hace entender a los simples" Sal. 130:119*

Termino este capítulo diciendo que los pensamientos están atrapados entre el conocimiento y la creencia. O sea, que serán atrapados, seducidos por una de esas dos fuentes y atraerán hacia uno de la fuente que más uno se alimente. Es en base a lo que decido creer que actuaré, viviré y liderare.

¿No sería mejor estar como la espiga, llena de granos, estar en la perfecta voluntad de Dios, aún con nuestras virtudes y defectos, vivir en sabiduría y ser un líder de 100?

No sé tú, pero yo contestaría a eso; Siiii.

2

¿QUÉ ES SER UN LÍDER?

Los líderes son personas comunes puestas en circunstancias extraordinarias las cuales permiten que su potencial se desarrolle y a través de éstas su potencial se desarrolla o desata.

¿Qué significa la palabra potencial?

Significa todo el éxito que tienes por dentro y que aún no se ha desarrollado ni exteriorizado. Algo poderoso que está dormido por dentro, algo que tiene poder, pero que todavía no se ha manifestado. Algo que existe en posibilidad. Es fuerza sin explotar, capacidad sin descubrir, poder reservado, éxito sin uso, dones dormidos, talentos escondidos, etc. Es lo que puedes hacer pero que aún no has hecho. Su sinónimo es: propósito, destino, voluntad de Dios y llamado.

¿Cuál es el principio del potencial?

31Otra parábola les refirió, diciendo: El reino de los cielos es semejante al grano de mostaza, que un hombre tomó y sembró en su campo; 32el cual a la verdad es la más pequeña de todas las semillas; pero cuando ha crecido, es la mayor de las hortalizas, y se hace árbol, de tal manera que vienen las aves del cielo y hacen nidos en sus ramas.

(Mateo 13:31-32)

El potencial está en la semilla. En cada semilla hay un árbol en potencia. Cuando sostengo en mis manos una semilla de aguacate en realidad lo que tengo en ella es un árbol de aguacate. Dios depositó en ti la habilidad para ser mucho más de lo que ahora eres. Posees recursos escondidos y capacidades no explotadas. El proceso en el cual la semilla se desarrolla es el siguiente:

Nacimiento – etapa de origen

Muerte – etapa de negarnos a nosotros mismos. Morir al yo, a nuestro ego. Es etapa de vaciarnos de nosotros mismos.

Desarrollo – etapa de Dios añadir mentores que nos ayuden a desarrollar nuestro potencial.

Todos tenemos que pasar por este proceso. Por ejemplo, nadie creyó que David fuera capaz de ser un guerrero, ni tampoco que sería el próximo Rey de Israel. Lo mismo pasó con José, el hijo de Jacob. Lo mismo con Gedeón. Lo mismo con Pedro.

En David había un potencial, pero nada en él parecía demostrarlo. No había alguien que creyera en él. Todo el mundo, incluyendo su familia, le puso límites a su desarrollo. Entonces, hubo alguien que vio más allá y creyó en él. Le ayudó a sacar el potencial que tenía por dentro. Ese fue Jonatán. El potencial no siempre está a la vista y a veces demanda que un gigante lo desafíe para que salga a la luz.

¿Cómo desarrollo mi potencial?

Debes conocer la fuente, que es Dios y no tú. Debes conocer tu propósito o llamado.

Debes tener un mentor. Éste asume la responsabilidad de desarrollar tu potencial, propósito o llamado. La palabra clave en todo esto es desarrollo.

Tienes que estar en el medio ambiente correcto. Cuando Dios creó al ser humano, lo puso en el jardín del Edén. Ese era el lugar ideal para que el hombre creciera y desarrollara su potencial. De la misma forma, para poder desarrollar nuestro potencial, se requiere que estemos en un medio ambiente donde se nos desafíe a alcanzar otros niveles de crecimiento, donde se nos afirme y se reconozca nuestro potencial, donde el líder identifique su llamado y abra las puertas para que lo ayuden a desarrollarlo.

Debes cultivar tu potencial. Es necesario que tomes la decisión de crecer. Tu potencial no será desatado hasta que no asumas un compromiso con tus pensamientos, planes, sueños y/o visión, y los pongas en acción. Tienes que buscar las personas correctas que sean positivas, que te animen y te ayuden a lograrlo.

Sirve a tu mentor. Vemos ejemplo en la Biblia, como el de Josué sirviendo a Moisés, Eliseo a Elías, Timoteo a Pablo, los discípulos a Jesús, etc.

Personas famosas con un potencial escondido:

Thomas Edison. Descrito por su maestro como una persona tonta, infantil, lenta para aprender.

<u>Albert Einstein.</u> Sus padres tenían miedo a que él fuera estúpido. Sus maestros le decían que dejara la escuela y se fuera a sembrar papas. Le decían que nunca iba a lograr nada en la vida.

<u>Walt Disney.</u> Un día trató de conseguir un trabajo en un periódico como caricaturista y le dijeron que mejor se dedicara a otra cosa, porque él no podía dibujar.

<u>Abraham Lincoln.</u> Intentó ser presidente en nueve ocasiones y fracasó. Decían que era demasiado sencillo. Ganó la elección a la décima vez. Fue uno de los presidentes más sobresalientes de los Estados Unidos.

<u>Sin Dios nada podemos hacer. Pero sin nosotros Dios no lo hará.</u> Dios tiene desafíos preparados para nosotros. Detrás de cada desafió hay una actitud. Cuando nuestra actitud no es la correcta, no ayudamos al desarrollo de nuestro potencial y Dios nos da otro desafío como una nueva oportunidad y así continúa hasta que nos abrimos a dar un paso más en el desarrollo de nuestro potencial. Así nos sigue trabajando, labrando, hasta que damos fruto. Y aún así, luego de dar fruto, nos poda, para que demos más fruto.

"Cada hombre lleva en sí mismo la tarea y responsabilidad de las generaciones después de él".

3

SÉ UN LÍDER/SIERVO

Mucho se ha hablado de la "Gran Cosecha", pero según Mateo 9:37, el problema no es que no haya cosecha, sino que es que no hay obreros (siervos)

36Y al ver las multitudes, tuvo compasión de ellas; porque estaban desamparadas y dispersas como ovejas que no tienen pastor. 37Entonces dijo a sus discípulos: A la verdad la mies es mucha, mas los obreros pocos. 38Rogad, pues, al Señor de la mies, que envíe obreros a su mies.

La palabra que se usa para siervo en griego es la palabra diácono. "Siervo" se refiere a alguien que rinde servicio a las necesidades de otro. En el libro de los Hechos, fueron puestos por los apóstoles en ciertas tareas, haciendo posible que éstos se concentraran más en la Palabra y la oración que es lo que hace efectivo a un ministro o ministerio.

Dios nos ha dado a cada uno dones y habilidades y es nuestra responsabilidad manifestarlos al máximo. ¿Cómo lo manifestamos? Existe mucha gente frustrada porque no sabe cuál es su don o su llamado. Para saberlo tienes que comenzar a hacer algo para Dios en cualquier área donde tengas oportunidad. Recuerda que tenemos a un Dios grande, no te limites, no somos demasiado jóvenes o viejos; tenemos un propósito mientras respiremos.

Requisitos de un diácono/líder/servidor:

La palabra de Dios habla claramente de las cualidades que debe tener un diácono (lo que debe ser), más que en lo que realiza (lo que debe hacer). Las funciones cambian de acuerdo a las necesidades del líder o del ministerio, pero las cualidades o requisitos siguen igual y este parámetro esta dado por la Palabra:

1ra Tim, 3:8-13. *"Los diáconos así mismo deben ser honestos, sin doblez, no dados a mucho vino, no codicioso de ganancias deshonestas; que guarden el misterio de la fe con limpia conciencia, y estos también sean sometidos a prueba primero y entonces ejerzan el diaconado si son irreprensibles. Las mujeres así mismo sean honestas, no calumniadoras, sino sobrias, fieles en todo. Los diáconos sean marido de una sola mujer, y que gobiernen bien sus hijos y sus casas, porque los que ejercen bien el diaconado, ganan para sí un grado honroso y de mucha confianza en la fe que es en Cristo Jesús".*

Cuando el Apóstol Pablo se refiere a que sean sometidos a prueba primero, se refiere a que deben tener un "carácter probado", y para ello deben ser formados primero.

Para formar líderes efectivos y al cien, estos deben:

CREER: La palabra de fe impartida.
OBEDECER: Sin importar las circunstancias.
SERVIR: Cuándo y dónde se les solicite.

Un siervo/líder es una persona que opera bajo Principios.

Las decisiones que tomas hoy afectarán tu futuro y el de las personas que te siguen. Hay muchos líderes que aman a Dios pero por ignorancia no saben conducirse en la vida, no saben cómo actuar en determinados momentos. Algunos principios bíblicos que nos ayudarán a crecer son:

Crecer por medio de las Ofensas (Mt. 18:7) Ten el perdonar como un estilo de vida. La mayoría de las ofensas vienen cuando uno no se siente apreciado o piensa que me fallaron en algo. La mayor parte de las personas que hoy están apartadas del Señor son creyentes que se ofendieron por algún motivo. No hay excusa para no perdonar.

No Juzgar para no ser juzgado (Mt. 7:1-2) Juzgar viene del griego *"krino"*, que significa; asumir el oficio de juez, pronunciar sentencia, condenar, criticar, hacer juicio sobre algo o alguien y/o formarse una opinión.

Un líder opera bajo Sumisión. La autoridad de un líder va de acuerdo a la sumisión. Un líder que no sabe someterse, no puede ejercer autoridad. Sumisión es humildad expresada en amor y servicio, por tanto es una actitud eterna. La obediencia es una actitud externa, o sea que es posible obedecer sin someterse, hacer sin querer.

Opera con Sacrificio. La medida de éxito de un líder la hace su sacrificio. Ningún líder tendrá éxito si no paga un precio grande. El éxito no se vende a precio de ganga. Lo que deseamos se paga con sacrificios.

<u>Servicio</u>. La naturaleza de un líder es el servir. La palabra ministro = uno que sirve al pueblo. El líder debe entender eso. Dios está más interesado en nuestra disponibilidad que en nuestra habilidad para servirle. La habilidad la da Él. La disponibilidad la da uno.

<u>Integridad</u>. Trabaja en equipo, llega temprano, cumple con lo que promete, afirma a los que están a su alrededor, tiene actitud positiva, es pacificador, busca la unidad, rinde cuentas a alguien (Ef. 5:21) *"Someteos unos a otros en el temor de Dios".*

<u>DIEZ MANDAMIENTOS DE UN LÍDER/SIERVO:</u>

1.- No tendrás otro Padre Espiritual ajeno sobre ti.

2.- No tendrás otra imagen (visión) que la impartida por tu Líder o Pastor.

3.- No tomarás la Palabra Revelada en vano, sino que darás fruto de ella.

4.- Seis días trabajarás para ti y siete para Dios.

5.- Honra a tus Padres Espirituales.

6.- No matarás la Fe.

7.- No cometerás adulterio con la Palabra.

8.- Realizarás tu labor de servicio consciente de que eres una influencia a otros.

9- No envidiarás el liderazgo de otro, ni su éxito ni cosa alguna, sino que lo imitaras.

10.- No hablarás negatividad, ni otra cosa que no sea:

"Yo puedo hacer lo que la Palabra dice que puedo hacer".

"Yo soy lo que la Palabra dice que soy".

"Yo tengo lo que la Palabra dice que tengo".

4

ENTENDIENDO TU LLAMADO

"Es peligroso no avanzar en la vida. Pero mi avance no lo determina mi mundo exterior, sino mi interior".

Todos los hombres fueron y son creados por Dios. Dios es un líder. Por lo tanto, todos los "nacidos de nuevo" tenemos en nuestro ADN (datos genéticos), la genética de Dios. Quiere esto decir que potencialmente somos líderes. Recuerda que Jesús, el hijo de Dios, no vino a ser servido sino a servir. Por lo tanto, alcanzamos nuestro máximo potencial cuando nos convertimos en siervos/líderes.

Antes que naciéramos, ya Dios tenía un plan diseñado para cada uno de nosotros, que va de acuerdo con Su propósito para la humanidad. A ese plan lo llamamos el llamado, y es lo que Dios usará para llevar nuestras vidas al desarrollo máximo de nuestro potencial.

Ef. 2:10 "Porque somos hechura suya, creados en Cristo Jesús para buenas obras, las cuales Dios preparó de antemano para que anduviésemos en ellas".

Es en este punto que entra nuestra voluntad a cumplir su rol; o sea, que está en nosotros la facultad de escoger si queremos buscar, conocer, aceptar y/o seguir el llamado de Dios en nuestras vidas. Desafortunadamente no todos lo siguen: algunos porque no lo conocen, otros porque no se sienten capaces, otros porque no les importa y otros porque al seguirlo ignoran los procesos y se descalifican.

21

¿QUÉ ES UN LLAMADO?

Viene del término griego *"kaleo"* = convocación o invitación. El llamado no es una decisión que nosotros tomamos, sino un descubrimiento del propósito de Dios al crearme. Es la respuesta a la pregunta de; ¿por qué Dios me trajo a este mundo? Dios quiere que seamos éxitos. En el Reino de Dios el verdadero éxito de una persona se da:

-Al conocer el propósito o llamado de Dios para su vida.

-Desarrollar ese llamado de Dios al máximo.

-Dejar un legado en la tierra por medio de ese llamado.

Todos tenemos un llamado. Recuerda: si alguien está vivo es porque Dios le puso aquí con un propósito. No descubrir ese propósito es fallarle a Dios. Descubrir ese propósito y no seguirlo es fallarle a Dios. ¿Qué es un propósito? Es la intención original para lo cual Dios creó algo. Es decir que antes de Dios crear algo ya tiene un propósito de ante- mano para lo que va a crear.

Dios no te escogió cuando tus padres biológicos tuvieron un acto de intimidad, haya sido este acto de mutuo acuerdo o en una situación forzada. Ellos solamente fueron el medio que Dios usó para traerte a este mundo. Todas las demás circunstancias por las cuales has pasado, negativas o positivas, han sido permitidas por Dios para formar en ti la persona que Dios usará de acuerdo a Su asignación o propósito contigo. ¡Tú no eres un accidente! En tu peor momento fue cuando Dios estuvo más cerca de ti. Si cada persona obedece a Dios en su llamado, no habrá ningún obstáculo que detenga su propósito y su éxito.

Si Dios comenzó cambios en tu vida, familia y ministerio, es porque ya los terminó en Su mente. Jesucristo no murió hace dos mil años. Jesús fue inmolado antes de la fundación del mundo.

TIEMPO DE PREPARACION DEL LLAMADO (Ley Del Proceso)

Dios no permitirá que nadie trabaje en Su propósito sin la debida preparación. Al desarrollo de esta preparación se le conoce como el proceso de formación. Ningún hombre o mujer tendrá el respaldo de Dios si empieza a trabajar en lo que cree que es su propósito o llamado y se salta ese proceso. Si lo salta Dios lo envía de regreso al punto de partida, lo entienda la persona o no. Ahora, ¿cómo empieza este proceso?

Dios te llama. No es la organización ni es un hombre. Hay muchos que se ponen ellos mismos y luego fracasan.

Dios te prepara. La calidad de tu preparación determinará la calidad de tu desempeño en el futuro. El tiempo de preparación no es un tiempo perdido sino un tiempo invertido. Veamos algunos casos de preparación en algunos hombres:

Hombre de Dios - Tiempo de Preparación - Llamado Final

Moisés - 40 años en el desierto - Libertador del pueblo judío
José -17 años de esclavo y preso - 2do al mando con Faraón
Josué - 40 años en el desierto - Capitán del ejército de Dios
Jesús - 30 años de rechazo - Rey de Reyes
Pablo - 17 años de soledad - Apóstol de los gentiles
David - 15 años de persecución - Rey de Israel

¿POR QUÉ SON POCOS LOS ESCOGIDOS? Gen 2:15-17

"Tomó, pues, Jehová Dios al hombre, y lo puso en el huerto de Edén, para que lo labrara y lo guardase. Y mandó Jehová Dios al hombre, diciendo: De todo árbol del huerto podrás comer; mas del árbol de la ciencia del bien y del mal no comerás; porque el día que de él comieres, ciertamente morirás".

Ahora; ¿qué hizo Eva? Gen 3:6 *"Y vio la mujer que el árbol era bueno para comer, y que era agradable a los ojos, y árbol codiciable para alcanzar la sabiduría; y tomó de su fruto, y comió; y dio también a su marido, el cual comió así como ella".*

De los llamados, pocos son escogidos por el egocentrismo. Podemos nombrar mil razones pero todas se derivan del hombre pensar siempre primero en conseguir su propio bienestar a su manera y no a la manera de Dios. Todos desde Adán y Eva nacemos con esa naturaleza y tendencia. Cristo vino a cambiar esa naturaleza y mentalidad.

Génesis 3:22-24 - Ahora pues no hay excusas para no obedecer el llamado de Dios. Cuando se es salvo, o sea, se acepta a Cristo como Señor, la preparación y el proceso vienen junto con la nueva vida y salvación.

Tienes que conocer que al venir con la *"piel adánica"*, la misma tiene que ser arrancada de ti. Dios te llama y te lleva a este proceso pero es ahí donde puede venir la tendencia a resistirnos. Bien sea porque desconocemos el proceso, porque no nos gusta, o porque entendemos pero no estamos dispuestos. ¿Por qué no estaríamos dispuestos a pasar por un proceso determinado por Dios?

Porque sería empezar a morir a hacer mi voluntad, a hacerlo como yo creo, como a mí me gusta, y a hacerlo a la manera de Dios. El árbol de la vida en Génesis representaba a Cristo. Recuerda que Él es la vida. Y frente a ese árbol hay una espada encendida que se revuelve por todos lados para guardar el árbol. La Biblia no enseña en ninguna parte que esta espada fue removida de ahí. Al contrario, enseña que se mantiene activa cortándonos en todo momento.

Veamos que dice Hebreos 4:11-12;

12Porque la palabra de Dios es viva y eficaz, y más cortante que toda espada de dos filos; y penetra hasta partir el alma y el espíritu, las coyunturas y los tuétanos, y discierne los pensamientos y las intenciones del corazón.

25

Veamos la invitación que nos hace Jesús en Juan 6:54-57

54El que come mi carne y bebe mi sangre, tiene vida eterna; y yo le resucitaré en el día postrero. 55Porque mi carne es verdadera comida, y mi sangre es verdadera bebida. 56El que come mi carne y bebe mi sangre, en mí permanece, y yo en él. 57Como me envió el Padre viviente, y yo vivo por el Padre, asimismo el que me come, él también vivirá por mí.

Jesús es el árbol de vida. Dicho árbol está guardado por una espada encendida, o sea, Su Palabra (fuego consumidor) y revoloteando. Al acercarnos a Él, ésta causa muerte al yo.

Juan 12:24-26 *"De cierto, de cierto os digo, que si el grano de trigo no cae en la tierra y muere, queda solo; pero si muere, lleva mucho fruto. El que ama su vida, la perderá; y el que aborrece su vida en este mundo, para vida eterna la guardará. Si alguno me sirve, sígame; y donde yo estuviere, allí también estará mi servidor. Si alguno me sirviere, mi Padre le honrará".*

La clave para ser escogidos es no amarnos tanto que despreciemos Su llamado. Empieza siendo fiel en lo poco.

Cuando descubres tu llamado, estás a las puertas de tu propósito. Cuando cumples Su propósito, estás operando a nivel de Su grandeza.

5

LA LEY DEL PROCESO

LIDERAZGO NO SE DESARROLLA EN UN DIA

Convertirse en un líder se parece mucho a invertir en un negocio con éxito. Si tu esperanza es hacerte rico en un sólo día, no vas a tener mucho éxito. Lo más importante es lo que hacemos diariamente. Es cierto que algunas personas nacen con mayores dones naturales que otros, pero la habilidad de dirigir es en realidad una colección de habilidades y de destrezas que casi todas se pueden cultivar o desarrollar. Pero ese proceso no ocurre de la noche a la mañana. La buena noticia es que tu habilidad como líder no es estática. No importa cómo comiences, siempre se puede mejorar.

EL LIDER Y SU VISIÓN

2 Ésta es la historia de la familia de Jacob: José, siendo de edad de diecisiete años, apacentaba las ovejas con sus hermanos; y el joven estaba con los hijos de Bilha y con los hijos de Zilpa, mujeres de su padre; e informaba José a su padre la mala fama de ellos. Gen 37:2

Primero: José era como muchos grandes líderes. Todo líder tiene un sueño, una visión de un futuro mejor.

Segundo: la visión y la persona que tiene la visión son inseparables. Un visionario no se contenta hasta que cumple su visión. Otra persona no puede cumplir la visión del líder, puede ayudarle. Pero el líder y la visión están entrelazados.

Tercero: ninguna visión del líder puede quedar en secreto. Cuando la visión se da a conocer de una manera correcta, puede realzar el liderato de una persona. Cuando la visión se da de forma equivocada, crea problemas. Y eso fue lo que le pasó a José.

EL PROCESO DEL FUEGO

Como la mayoría de los lideres, José tuvo una visión mucho antes de tener las habilidades de liderazgo para hacerla realidad. Tenía un destino divino de liderazgo pero no comenzó como un líder eficaz. No tuvo influencia sobre sus hermanos, ni sobre otro que no fuera su padre. José tenía que ser preparado, purificado antes de convertirse en el líder que tenía el potencial de ser.

Todos los líderes necesitan:

Tiempo para madurar = trabajó en las sombras, en lo privado, durante una época de su vida antes de estar calificado para guiar a otros. Vendido como esclavo a los diecisiete años, no fue hasta los treinta años que estuvo ante Faraón. Necesitó trece años de preparación. Para cuando esto sucedió era un hombre cambiado, estaba equipado, era humilde, había madurado.

Tribulaciones para fortalecerse = para purificar el oro hay que pasarlo varias veces por el fuego. Los diamantes se limpian y crean sólo bajo condiciones extremas. Los grandes líderes se forman sólo a través de tribulaciones. José nunca hubiese alcanzado su potencial si se hubiese quedado en casa de sus familiares. Para convertirse en un gran líder primero tuvo que convertirse en esclavo y presidiario.

Un Dios para bendecir = sin Dios, un líder no puede hacer nada de verdadero valor. Dios bendijo a José mientras trabajó como esclavo. Después lo bendijo cuando trabajó en la cárcel. La Biblia expresa tres veces el favor de Dios en Gen. 39:23. Dios estaba con José, con lo que hacía, y lo prosperaba. Un líder al lado de Dios nunca puede perder.

CUATRO FASES DE CRECIMIENTO

José en su inmadurez era un muchacho presumido. Era demasiado arrogante. De joven, su habilidad para trabajar con personas era muy pobre. Carecía de experiencia, sabiduría y humildad. Necesitaba aprender que:

No sé lo que no sé = todos comenzamos en un estado de ignorancia. Allí es donde José comenzó. No entendía la dinámica de la familia. Ignoraba cómo reaccionarían sus hermanos al contarle sus sueños. La Biblia dice que sus hermanos ya lo odiaban y al él contarle sus sueños lo odiaron aún más. José no sabía lo que hacía. Hacía y decía cosas sin entender que creaba problemas interpersonales. Por esta causa, separó la familia por dos décadas.

<u>Sé lo que no sé</u> = necesitó un incidente importante en su vida y vendido como esclavo comenzó a aprender lo que no sabía. Comprendió que ser líder conllevaba un gran peso de responsabilidad. Sufrió traición y aprendió mucho sobre naturaleza humana, las relaciones y el liderazgo. El proceso moldeó su carácter. Desarrolló su paciencia y humildad. <u>Comenzó a entender que Dios era su fuente de poder.</u>

<u>Crezco, aprendo y comienzo a demostrarlo</u> = los líderes que muestran gran habilidad cuando se les presenta la oportunidad es sólo porque han pagado el precio antes. Cuando Faraón lo llama, José actuó con sabiduría y excelencia. No tuvo éxito porque de repente se volvió inteligente a los treinta años. Alcanzó el éxito porque <u>pagó el precio por trece años de su vida.</u>

<u>Avanzo por lo que sé</u> = por siete años José ejecutó con habilidad su plan de líder. Prosperó al país. Sus años de dolor estaban recompensándole en gran manera. Debido a la fortaleza de su liderato no sólo alimentó a la gente de Egipto sino a otras naciones de alrededor. En el proceso recogió todo el dinero, todo el ganado y toda la tierra de Egipto como posesión para su amo. Se vieron cumplidos además sus sueños de joven.

Para llegar a ser un líder eficaz una persona necesita tiempo. Pero el tiempo sólo no hace que un líder sea eficaz. Necesitamos descubrir la ley del proceso y la obediencia que lo gobierna. Algunas personas al ignorar este proceso permanecen toda la vida en la fase uno, a nivel de 30.

6

INICIA TU TRANSFORMACIÓN

Y me ha dicho: Bástate mi gracia; porque mi poder se perfecciona en la debilidad. 2 Cor. 12:9

Cuando el Señor le dice a Pablo "Bástate mi Gracia...", lo que le está diciendo es que Su poder no está limitado ni intimidado por sus circunstancias. Tú tienes el poder de Dios para alcanzar y lograr las metas; aún aquellas que van más allá de las limitaciones humanas. Tenemos que entender que a cada uno se nos dio una gracia.

Hay muchas personas cristianas que luchan toda una vida y no parecen avanzar mucho. No saben funcionar en su gracia. Tratan de imitar cómo funcionan otros y no entienden que pueden tener los mismos dones pero la gracia es distinta. Veamos:

Núm. 11:16 Es interesante que Dios le dijo a Moisés que buscara hombres que él sabía que eran ancianos. Dios los iba a ordenar ancianos para ser ancianos. Sólo puedes ordenar a una persona para que sea lo que ya es. Lo que necesitamos saber para tener éxito es saber quiénes verdaderamente somos. Es lastimoso poner a una persona a funcionar en algo que no es. Moisés iba a traer a estos hombres a un ciclo. Los iba a poner a funcionar en lo que ellos ya eran pero no lo sabían.

Veamos en Lcs. 15:17; *"Y volviendo en sí..."*

Aquí el joven volvió en sí, o sea, volvió a verse como lo que realmente era, no como la circunstancia le dictaba. No era pordiosero, era el heredero de un padre rico. Solamente estaremos completos y satisfechos cuando seamos guiados a ser lo que fuimos predestinados a ser. El éxito verdadero sucede cuando uno es lo que uno es. Lo que le da poder a una persona de levantarse sobre las circunstancias es llegar a ser lo que se es. Usted se siente completo cuando alcanza un sentido de pertenencia a través del trabajo, la familia, ministerio, etc. ¿Por qué? Porque probablemente está haciendo algo que es parte de usted. Ser cambiados y llegar a ser lo que Dios nos llamó a ser es un regalo de Dios. No hay nada malo en estar equivocados, pero si hay algo malo en no hacer los ajustes necesarios para enderezar las cosas.

29Porque a los que antes conoció, también los predestinó para que fuesen hechos conformes a la imagen de su Hijo... Rom. 8:29

Nuestro Padre Dios no espera que continuemos viviendo como hijos caídos, después de Él habernos adoptado. Él quiere que volvamos en sí y nos transformemos en lo que ahora somos, Sus hijos, y no lo que antes éramos. Antes éramos unos derrotados por el enemigo y ahora somos más que vencedores en Cristo Jesús.

2No os conforméis a este siglo, sino transformaos por medio de la renovación de vuestro entendimiento, Rom. 12:2

La palabra *conformes* es *summorphoo*, que significa ser hechos a la forma o imagen. Este verso nos habla de no ser conformes a este mundo. Mundo en griego es *aion,* que se refiere a los tiempos, las edades. Lo que nos está diciendo es, "no permitan que los sucesos de los tiempos en que viven sean los que les den una forma interna a su vida".

Tú puedes decir; "La vida me ha hecho tal y como soy, ¿qué puedo hacer yo ahora?". Me alegra que me preguntes. Cada aspecto de tu vida que ha moldeado tu persona y carácter de acuerdo a los sucesos negativos que has experimentado, tiene que ser transformado. El prefijo *trans* implica movimiento, así como transición o transacción. Así que transformar implica movimiento de forma.

Muchas personas en el Cuerpo de Cristo perseveran sin progresar. Luchan con áreas que han sido conformadas por los sucesos de sus vidas en vez de transformarlas. Esto ocurre mucho en aquellas iglesias que se mueven mucho alrededor de los dones y las emociones. Creemos que con predicar un hermoso sermón hemos logrado mucho. La transformación no viene con la inspiración de un mensaje o con manifestaciones espirituales o de los dones. La transformación toma lugar en la mente. Ef. 4:23 *"Y renovaos en el espíritu de vuestra mente".* Sólo el Espíritu Santo sabe como renovar nuestra mente. La batalla de nuestra mente es con nuestra percepción de las cosas.

Generalmente la percepción de nosotros mismos es afectada por las personas que nos rodean. (Entérate; las personas con las cuales te rodean afectan tu vida). Nuestra opinión de nosotros mismos quizás fue afectada por las autoridades que tuvimos en nuestros primeros años de formación.

Si nuestros padres o tutores nos rechazaron o ignoraron, amaron o aceptaron, eso afectó nuestra autoestima.

Cuando nacemos de nuevo, vamos de nuevo a ser profundamente marcados y formados por las personas con las cuales nos relacionamos en nuestros primeros años de creyentes o discípulos. Es importante discernir a quienes dejamos que nos influyan en nuestros primeros años como cristianos. He aquí la importancia de sanar mediante un proceso de discipulado a aquellos que luego tocarán nuevas vidas.

Cuando nos volvemos íntimos con alguien, la primera necesidad que tenemos es que nos conozcan y nos entiendan. Cuando Cristo preguntó; "¿Quiénes ustedes dicen que yo soy?", era porque El sabía quien Él era (Mt. 16:15). Preguntarle a alguien sobre qué esa persona piensa de ti o sobre cómo ella piensa que tú eres, sin saber quién eres de antemano, es muy peligroso. Cuando hacemos esa clase de preguntas sin una conciencia clara de quienes somos, abrimos la puerta para que nos manipulen. Debes estar preparado para abortar lo negativo y destructivo.

El Señor quiere que sepas quién eres, para qué eres, y qué gracia se te ha otorgado. Cuando entiendes que Él es el único que sabe todo sobre ti, entonces lo buscas con hambre, determinación y sobre cualquier circunstancia. Él se revela sólo a personas que le buscan, y los que le buscan le encuentran. La puerta sólo se abre a los que la tocan y los dones se le dan a los que los anhelan (Lcs. 11:9). Iniciar la transformación es nuestra responsabilidad. Las verdades que nos transforman sólo vienen a través del canal de la diligencia en buscar más de Él.

En una ocasión, Jesús le dijo a una mujer que ella no estaba atada, aunque estuvo lisiada por 18 largos años.

11y había allí una mujer que desde hacía dieciocho años tenía espíritu de enfermedad, y andaba encorvada, y en ninguna manera se podía enderezar. 12Cuando Jesús la vio, la llamó y le dijo: Mujer, eres libre de tu enfermedad.13Y puso las manos sobre ella; y ella se enderezó luego, y glorificaba a Dios. Lcs. 13:11-13

¿Por qué le diría esto? La respuesta es porque ella estaba en Su presencia. La presencia de Dios, no de un hombre. Justo cuando el enemigo cree que ya te tiene, tú te puedes transformar delante de sus ojos. No importa quién te marcó en la vida. La Palabra de Dios puede transformar tu lamento en baile. Los obstáculos de viejas heridas y cicatrices pueden ser vencidos por verdades presentes y transformadoras. Tu liberación no comienza con tus circunstancias, sino en tu mente.

Si quieres que Dios esté en medio de tus circunstancias es mejor que estés dispuesto/a a levantarte. Rara vez Jesús asistió a un funeral. Cuando lo hizo fue a parar la ceremonia y a traer vida. Tienes que decirte a ti, a Dios, al diablo y a los demás, que tú todavía no estás muerto/a.

La Biblia habla que nos purifiquemos por el lavamiento del agua de la Palabra (Ef.5: 26).

Así que, empieza a lavar tus limitaciones y residuos de pasadas experiencias y obstáculos. Decídete ya y comienza gradualmente transformándote y conviértete en la persona que Dios diseñó y que quiere que seas. Cuando el diablo o alguien te venga a decir que no puedes lograr esto o aquello, dile; *"Yo todo lo puedo en Cristo que me fortalece. Yo soy un ser transformado para transformar a otros"*.

7

QUITA LO QUE TE IMPIDE AVANZAR

1Por tanto, nosotros también, teniendo en derredor nuestro tan grande nube de testigos, despojémonos de todo peso y del pecado que nos asedia, y corramos con paciencia la carrera que tenemos por delante, Hebreos 12:1

> ➢ ¿Has visto las carreras de caballos? El peso del jinete sobre el caballo es importante. Eso puede significar la victoria o la derrota.

> ➢ ¿Has tratado de correr de una puerta de salida a otra en un aeropuerto con las maletas llenas y pesadas?

Tu enemigo hace todo lo posible para cargarte con el equipaje del mundo, y de que no te despojes del afán. Él trata de que no olvides lo que te causó dolor, ni perdones las experiencias que consideras negativas.

Pero Dios quiere que nos despojemos de todo peso que nunca nos dio o ha intentado darnos. Él promete ayudarnos a llevar nuestra carga, sólo si se trata de soltar la nuestra y tomar la Suya, que es liviana.

Mateo 11:28-30 "Venid a mí todos los que estáis trabajados y cargados, y yo os haré descansar. 29Llevad mi yugo sobre vosotros, y aprended de mí, que soy manso y humilde de corazón; y hallaréis descanso para vuestras almas; 30porque mi yugo es fácil, y ligera mi carga".

-Las cargas nos llegan de tres maneras: por las circunstancias, por otras personas y las que nosotros amontonamos.

-No te concentres en las cosas que no puedes cambiar. Pon a Cristo delante de ti, ora, soporta con fe y espera. Algunas cosas nunca cambiarán y no te puedes dar el lujo de vivir en angustias, depresión, y falta de gozo por eso. No querrás vivir así el resto de tu vida. Las que se pueden cambiar las cambiará Dios en Su tiempo.

-Nunca te despojarás de nada si no aprendes cómo funciona la ley de la vida. Hay dos principios que rigen todas las cosas. El de la disciplina. Éste dicta que la vida no es hacer lo que uno quiere hacer, sino hacer lo que se debe hacer. El otro es el de las prioridades. Éste nos deja saber a qué dedicarle nuestra atención primero. En la vida, nuestra relación con Dios es lo más importante. En segundo lugar está la familia y luego el ministerio. No, no me olvidé; trabajo viene después.

-Nuestro problema es que a veces estamos más conscientes de los problemas que del poder de Dios para resolverlos. Tu enemigo quiere verte alejado de tus prioridades. Por eso te carga con deudas, miedos, soledad, sentido de impotencia, etc. Cuando hay una sobre carga en una línea eléctrica, se funde un fusible. Cuidado con el tuyo.

-En I Samuel 30, en medio del caos, David apartó tiempo para celebrar un "culto" de oración. Lloró, se angustió, pero no se quedó lamentándose. Se metió bajo un manto de oración y dijo: *"tengo que hablar con Dios"*. David sabía algo que nosotros no sabemos. No le importó lo que sus hombres dijeran. Aprende a hacer lo mismo si quieres una vida feliz.

8

LA PRIMERA VICTORIA DE UN LÍDER

1De ocho años era Josías cuando comenzó a reinar, y treinta y un años reinó en Jerusalén.2Éste hizo lo recto ante los ojos de Jehová, y anduvo en los caminos de David su padre, sin apartarse a la derecha ni a la izquierda. 2 Crónicas 34:1-2

Los líderes encuentran la forma de que su equipo gane. ¿Qué separa a un líder que logra victorias de uno que sufre derrotas? ¿Qué se necesita para ser un ganador?

Cada situación de liderazgo es diferente. Cada crisis tiene sus propios desafíos. Para un líder victorioso la única alternativa es ganar. Calculan lo que deben hacer y luego buscan ese algo con todo lo que tienen a su disposición. Cuando tienen presión están a sus anchas. Las ven como oportunidades. Sólo el éxito es aceptable. No tienen ni confían en un plan B.

CIRCUNSTANCIAS DE JOSÍAS

-Su edad. Sólo tenía ocho años cuando se convirtió en rey. Para las normas de los judíos se pasaba de niño a hombre a los trece. No tenia influencia ni experiencia.

-Tenía una herencia horrible. Su familia había dejado un legado de dolor. Su abuelo Manasés fue uno de los peores reyes de la historia hebrea (2 Reyes 21:2-6,9). Amón, su padre, siguió los pasos de Manasés.

-Le faltó un modelo positivo. Los modelos que tuvo antes que él no le ayudaron.

-La condición espiritual del país era miserable. La casa de Dios estaba en ruinas y no había ni deseo ni intención de repararla. No querían saber nada de Dios.

Josías no permitió que nada lo detuviera. No permitió que su herencia familiar lo sedujera. Se ganó al pueblo para Dios. Se deshizo de los ídolos y reparó el templo y volvió a poner en él el arca. Realmente no importa a lo que se enfrentan los líderes ni cuantos obstáculos hay que vencer. Un líder debe estar dispuesto a enfrentar al peor de los enemigos: a él mismo.

LA PRIMERA VICTORIA DEL LÍDER ES SOBRE SÍ MISMO

Leamos en I Corintios 9:25-27(TLA):

25Los que se preparan para competir en un deporte, dejan de hacer todo lo que pueda perjudicarlos. ¡Y lo hacen para ganarse un premio que no dura mucho! Nosotros, en cambio, lo hacemos para recibir un premio que dura para siempre. 26Yo me esfuerzo por recibirlo. Así que no lucho sin un propósito. 27Al contrario, vivo con mucha disciplina y trato de dominarme a mí mismo. Pues si anuncio a otros la buena noticia, no quiero que al final Dios me descalifique a mí.

Pablo narra cómo se esfuerza por alcanzar una meta, cómo se niega a sí mismo. Su dominio sobre el yo. Quiere ganar.

<u>A todos nos gusta ganar.</u> Nos gusta recibir el premio de ganador. Pero nos concentramos tanto en el premio que podemos pensar que la victoria es algo que ocurre fuera de nosotros y esto no es así. <u>Ganar es una tarea interior.</u> El premio es un reconocimiento de una tarea interior. Pablo nos habla de cómo nos preparamos y la forma de correr, no del trofeo.

El equipo que logra la victoria es el formado por individuos que primero ganaron sus victorias internas. La primera persona que debe enfrentar esa batalla es el líder.

¿CÓMO SE LOGRA LA VICTORIA PERSONAL?

-<u>Permanecer abierto y enseñable.</u> Líderes que no están dispuestos a aprender nunca ganan. Aún con un historial de victorias pasadas necesitamos permanecer enseñables si queremos seguir ganando. Hay que estar abiertos a los cambios y deseosos de crecer como líderes. Josías a los ocho años comenzó a buscar a Dios, a ser enseñado.

-<u>Removió los obstáculos del pasado.</u> Todos tenemos que luchar contra nuestro bagaje. Para Josías su batalla fue contra el culto a los ídolos. Limpió al país de ídolos. Lo hizo a los veinte años y estaba batallando contra más de 300 años de tradición y desobediencia a Dios. No importa a lo que enfrentemos o heredemos, debemos hallar valor interior para enfrentarlo y vencerlo.

-<u>Comprendió lo que necesitaba dar y lo dio.</u> La victoria siempre tiene un costo personal para el líder. No se puede uno mantener fuera del proceso y dirigirlo a la misma vez.

Hay que estar involucrado. Para Josías esto significó reparar el templo y la celebración de la Pascua. Primero, entregó fielmente los fondos al sumo sacerdote, una práctica que había sido descuidada por los reyes anteriores. Esto no fue suficiente para él. Él quería honrar y adorar a Dios y que el pueblo hiciera lo mismo. Lo hizo a gran costo personal. De sus posesiones, dio 30,000 corderos y cabritos y 3,000 becerros para que el pueblo adorara.

-Reconoció la clave para la victoria. Todo líder es responsable de hallar la clave para la victoria. La de Josías fue el arrepentimiento. DebeS hallar la clave y hacerla funcionar.

-Mantuvo un compromiso personal para tener éxito. La gente nunca estará más motivada que su líder. Si la gente descubre que su dedicación es superior a la de sus líderes, buscarán otra organización u otro líder. La dedicación personal de Josías inspiró al pueblo. Su fidelidad y su dedicación fueron la fidelidad y dedicación del pueblo.

CONVIÉRTETE EN UNA PERSONA QUE ABRE CAMINOS

La gente hace lo que ve. Tú serás un modelo para otros. La mayoría de los que abren camino muestran estas tres cualidades:

-Vulnerabilidad. Comprenden que nos son perfectos, no pueden hacerlo todo y necesitan de Dios para establecer la diferencia.

-Humildad. No están para probar algo, y no les importa quién recibe el crédito. Están contentos de compartir el centro de atención cuando tienen éxito.

-<u>Transparencia.</u> su vida es un libro abierto. Reconocen cuando no han logrado alcanzar su meta al igual que cuando Dios obra en su vida.

(Éxodo 2:1-3:1)

La mayoría de la gente mide el liderazgo en términos de acción. Pero es mucho más que eso. El liderazgo no es algo que uno hace; es algo que uno es. La gente es atraída por quienes los líderes son. Todo líder desea resultados. Pero el *ser* debe preceder al <u>hacer</u>. Para lograr metas más elevadas, debes ser un líder más eficiente. Para atraer a mejores personas debes ser una mejor persona. Para lograr mayores resultados debes ser una persona de gran carácter. Para lograr mayor carácter debes estar dispuesto a hacer mayores sacrificios. Lo que eres determina lo que haces y lo que haces determina los resultados que obtienes. Todo fluye de lo que uno es.

¿Qué precio estás dispuesto a pagar por lograr ser una mejor persona, un buen líder, un líder al cien? Líder o no, nadie logra el éxito sin sacrificio. Con frecuencia, mientras más grande el llamado, más grande el sacrificio requerido. Moisés creció como un príncipe, disfrutó de todos los placeres del palacio. Tenía poder, privilegio y posesiones. Luego lo perdió todo. Le pasó como a Abraham. Abraham tuvo que dejar su parentela y su tierra para poder llevar a cabo su propósito y hacer la voluntad de Dios. El liderazgo siempre tiene un precio.

CÓMO ALCANZAR EL POTENCIAL DEL LIDERAZGO

-El líder debe ceder para ascender. Moisés tuvo que renunciar a su hogar, a su antigua vida y al derecho de vivir la vida que quería y de hacer lo que quería. Pero cuando Moisés renunció a las riquezas de Egipto y a la seguridad de su vida pastoral eso sólo fue el comienzo.

-El líder debe ceder para crecer. El tiempo que él pasó en el desierto modeló su carácter. Lo hizo apto para convertirse en la persona que Dios necesitaba. Pero eso no le enseñó el liderazgo. Para convertirse en un líder eficiente, Moisés tuvo que ceder más de sí mismo. Convertirse en líder siempre requiere tiempo. Sus primeros pasos como líder no tuvieron éxito; trató de hacerlo todo él sólo. Se necesitó el consejo de Jetro, quien le enseñó a delegar autoridad. Dirigiendo su pueblo en el monte Sinaí, éstos se desenfrenaron y adoraron un becerro de oro. Cuando trató de hacerlos entrar en la tierra prometida se negaron a seguirle y obedecerle. Dios invirtió años en lograr de hacer de Moisés un líder.

-El líder debe ceder para mantenerse arriba. El dejar de aprender para un líder no existe. Ningún buen líder llega a un punto donde puede dejar de aprender, de crecer y mejorar. El día que lo haga deja de ser un buen líder. Para continuar siendo eficiente debe seguir haciendo sacrificios. Además, lo que lleva a una organización a la cumbre, nunca es suficiente para mantenerla allí. La vida es cambio, es ciclo. Se requiere entender esto para seguir cediendo. Ni siquiera Moisés pudo permanecer en la carrera.

EL PRECIO DE SER UN LÍDER AL CIEN

Cualquier persona que aspire ser un líder, no debe ser motivado por la gloria, la fama o por los beneficios de la unción. Algunas veces las personas ven los milagros que suceden a través de la vida de algún líder, pero ignoran el alto precio que se tiene que pagar para ser usado por Dios y todo lo que sucede detrás de la escena.

Hay que pagar el precio de la soledad, de la presión de la gente y las circunstancias, y el precio de la fatiga mental y física, el precio de privarte de cosas buenas, pagar el precio de estar buscando el rostro de Dios, y estudiando la Palabra mientras otros duermen o se divierten. Al verdadero líder se le demanda un precio a pagar. Mientras más efectivo es el líder, más alto es el precio a pagar.

Si deseas ser un líder ungido e impactar tu familia, tu generación, debes prepararte para enfrentar el costo y la responsabilidad. Todo el mundo ve la gloria del líder, pero no conocen la historia detrás de éste. Jesús lo explica en Mateo 20:25-28. La palabra grande en griego significa: uno que quiere estar al frente, uno que quiere ser líder con unción, uno que le quiere decir a otros como andar. La palabra servidor es la palabra "*diakono*", que significa un siervo que está dispuesto a llevar o suplir las necesidades de otro. La palabra **siervo** es "*dulos*", que significa un esclavo permanente de otros. Todo esto es lo que debe ser el que anhele tener una posición de liderato en la Iglesia. La unción no es para cumplir nuestros deseos, sino para servir a otros y cumplir los deseos de Dios. Dios no le puede dar Su unción a personas que no tienen un corazón de sirvientes y que no les interesa el pueblo. ¿Qué precios hay que pagar?

-Sacrificio y abnegación. Esto demanda un compromiso de servir a otros y poner la necesidad de otros a veces por encima de la propia. Gal 6:17 & Mt. 10:39. Los verdaderos líderes no sólo han encontrado el propósito y el objetivo por el cual vivir, sino la visión por la cual morir. Usted nunca cambiará la vida de otros, sino hasta que esté dispuesto a morir por ese cambio.

-El rechazo de la gente. El líder tiene que pasar por la experiencia del rechazo. Hay que estar dispuesto a aceptar el llamado de una generación así como su rechazo. Cada persona desea ser aceptada y sentirse ser parte de algo, pero para ser un líder al cien, primero tienes que pagar el mismo precio que pagó Cristo. Los verdaderos líderes traen cambios, y los cambios traen conflicto y resistencia.

¿Por qué los lideres somos rechazados? Porque desafiamos a otros a cambiar su manera de pensar y de vivir. Cuando uno comienza a decir verdades para que una sociedad, entiéndase personas, salgan del pecado y cuando se les estimula a que salgan de la mediocridad, encontrará resistencia y oposición. A las personas no les gusta que se le diga nada contrario a su pensamiento. Ningún hombre es totalmente aceptado hasta que, primero, haya sido totalmente rechazado. Mt. 5:10.

-La crítica de la gente. La crítica se hace parte del diario vivir de un líder y siempre hay que soportarla. Ningún líder está exento de ella. La mayor prueba de madurez, convicción y compromiso de un líder con su visión, se demuestra con la actitud que toma frente a la crítica. La humildad se demuestra en el proceso de la crítica. Si estás listo para recibir crítica, entonces estás listo para ser un líder. Si no quieres ser criticado, es mejor que no intentes hacer algo en la vida. Pero es mejor ser criticado por actuar que ser ignorado por no actuar. Mt. 5:11-12.

-La soledad. Un líder es una persona solitaria, aunque le rodeen personas; porque dirigir significa que tienes que estar al frente de tus seguidores todo el tiempo. Cuando más nos acerquemos a Dios, a veces más solos nos sentimos, porque Él nos cambia, nos santifica, nos transforma y nos hace diferentes. La gente nota el cambio porque actuamos diferente, hablamos y pensamos diferente. Ellos no están al mismo nivel de oración ni de intimidad. Por tanto, nos vamos a sentir solos. Las personas solitarias son aquellas a quienes se les ha confiado un mensaje, un sueño, y una visión. Las grandes personas que han impactado al mundo han sido personas solitarias. El hombre que depende de la gente para sentirse lleno y acompañado, le será muy difícil ser un líder y salir adelante, ya que este es un camino para andar muchas veces en soledad. Este es el precio del líder al cien. Si no estás dispuesto a pararte sólo en la visión, nadie estará dispuesto a pararse contigo.

-La presión de tomar decisiones correctas. Hay demandas y desafíos que vienen con el liderato y demandarán a veces tomar decisiones que no todos estarán de acuerdo con las mismas. Si el líder no está dispuesto a tomarlas por el qué dirán los demás, el tal no está preparado para ser un líder. Gal 1:10.

-El cansancio o agotamiento físico, mental y espiritual. No hay manera de ser un buen líder y no ser afectado por el estrés y la fatiga física y emocional. Si estás dispuesto a pagar el precio del cansancio, entonces estarás listo para dirigir.

-Ningún líder puede esperar vivir una vida normal como los demás. Todo tu tiempo, tus talentos y tu experiencia están empleados para servir a otros, y esto tiene un impacto directo en tu vida y familia. Otros que estén cerca de ti, pagarán también el precio.

Juan 4:6. Eran como las doce del día, y Jesús estaba cansado del viaje. Por eso se sentó a la orilla del pozo,...

Quien quiera dirigir una orquesta, tiene que estar dispuesto a dar la espalda a la multitud.

¿ESTAMOS DISPUESTOS A PAGAR EL PRECIO?

10

UN LÍDER AL CIEN Y SU MENTE

37Jesús le dijo: Amarás al Señor tu Dios con todo tu corazón, y con toda tu alma, y con toda tu mente. 38Éste es el primero y grande mandamiento. Mateo 22:37

¿Alguna vez te has preguntado por qué Dios dejó como primer mandamiento que le amaras con toda tu mente? Corazón aquí significa el centro de tus deseos. El alma es el centro de tus emociones. Ambas están gobernadas por tu manera de pensar, o sea, por tu mente. Por tal razón la lucha de tu enemigo contigo es por ponerte pensamientos contrarios a los de Dios, sean estos cuales sean. Por lo tanto;

-Tu mente siempre será atacada por el enemigo.

-Tu mente siempre está en riesgo de ser engañada.

-Tu mente quiere ser renovada por Dios.

A Dios no le interesa que tengas clavados clavos en las manos ni una corona de espinas sobre tu cabeza. <u>Sólo quiere que cuides tu manera de pensar. Esto sólo se hace de una manera; administrando tu mente.</u> De ella provienen tus pensamientos. Éstos se forman de lo que dejas que entre por tus oídos y ojos.

22Por eso, ya no vivan ni se conduzcan como antes, cuando los malos deseos dirigían su manera de vivir. 23-24Ustedes deben cambiar completamente su manera de pensar, y ser honestos y santos de verdad, como corresponde a personas que Dios ha vuelto a crear, para ser como él. Ef. 4:22-24

AQUÍ ALGUNOS DATOS SOBRE TU MENTE:

➢ Tu mente es la que toma decisiones. No las toman tus brazos, ojos, etc. Tu mente gobierna tu vida.

➢ Tu mente es una fábrica de conocimiento. Es un almacén de experiencias. Es donde guardas tus emociones, recuerdos y sentimientos. Cuando tu mente decide liberar algunas de ellas, hay risas o lágrimas, felicidad o tristeza.

➢ Tu mente es tan importante que todo el ataque satánico está enfocado en ella.

➢ Tú no eres tu mente. Tu mente es un miembro de tu cuerpo. Es un instrumento que te pertenece.

➢ Debes de comenzar a mostrar más respeto por tu mente. Préstale más atención, protégela; date cuenta de que te puede destruir si la descuidas, o si la cuidas te hará crecer y te hará más fuerte.

➢ Tu mente toma información, buena o mala, cierta o verdadera y la magnífica o la empequeñece. A veces magnifica lo incorrecto y empequeñece lo importante. Por esa razón la tienes que renovar, cuidar, entrenar.

➢ Tu mente es un jardín en el que crece cualquier semilla que dejas entrar. Tú eres el jardinero de tu mente.

➢ Si aprendes a trabajar con tu mente, puedes cambiar tu vida y circunstancias.

➢ La batalla más grande que libras en tu vida, es por tu mente. La batalla de la mente es el enfoque, esto es a lo que le das más importancia en tu vida.

➢ Aquellos que ganan la batalla por su mente ganan la batalla de la vida.

DISEÑO DE DIOS PARA RENOVAR TU MENTE:

➤ Tienes que entender el Principio del Discipulado. Este consiste de un Discípulo y un Mentor. El discipulado es la manera en que el Mentor te imparte de su conocimiento, experiencia y sabiduría. Jesús lo hizo con sus discípulos, Moisés con Josué, Elías con Eliseo, Noemí con Ruth, etc. Todo ser humano es un aprendiz, que recibe información de su ambiente, relaciones y descubrimientos.

➤ Pocos aprendices se convierten en protegidos o discípulos. Un aprendiz decide lo que cree y lo que rechaza. Un discípulo retiene las opiniones y enseñanzas de su mentor para usarlas, vivirlas y compartirlas.

➤ Un discípulo es un perseguidor apasionado de un mentor. Se enfoca aprender e imitar lo bueno que recibe. Persigue esto aún cuando tiene que caminar la milla extra.

➤ Un discípulo entiende que su mentor es más que su "cheerleader" o animador. Es su Coach. Expone sus errores y lo confronta cuando es necesario. El verdadero mentor no persigue su afecto, aunque le interesa, sino su éxito personal.

➤ La corrección es la semilla más poderosa que un mentor puede sembrar en sus discípulos. Esto muestra que les ama, que les interesan. Muestra compasión y que está consciente de que su "protegido" tiene un potencial que él está asignado a sacar.

Cuando el líder en desarrollo, bajo el mentor, de continuo rechaza el consejo y dirección, cesa la impartición, cesa la corrección, cesa el desarrollo.

Cuando esto sucede, cesa la relación. Cuando cesa la relación, hay un perdedor, el discípulo o protegido. Este es el día más peligroso en la vida de esa persona pues se ha quedado sin cobertura, y está invitando al enemigo a que lo engañe.

Cuida tu mente de amistades que puedan influenciarte más que un mentor:

➢ Ellas alimentan tus sueños, ánimos o debilidades.
➢ Aumentan tu fe o tus dudas.
➢ Hacen depósitos o retiros.
➢ Te fortalecen o debilitan espiritualmente.
➢ Te corrigen o te corrompen.

TU MENTE Y TU FUTURO:

-El destino de tu futuro se encuentra encerrado en tu rutina de vida diaria. Esta rutina la determina tu mente.

-Algo que estás haciendo a diario está creando tu futuro. Está creando una tragedia o un milagro en tu vida.

-Sólo atraerás hacia ti aquello que respetas. Nunca atraerás lo que amas o lo que necesitas. Solo lo que tú respetas y valorizas.

-Eso se describe como a lo que le das prioridad en tu vida. Respeto es una virtud que tú decides usar.

-Respeto es una actitud. Es diferente a una aptitud. Es un acto que refleja tu carácter. Proverbios 23:7 dice:

"Porque cuál es su pensamiento en su corazón, tal es él".

Lo que piensas eres. Gana tu mente y ganarás tu vida.

11

UN LÍDER AL CIEN Y SU ACTITUD

5Bienaventurados los mansos, porque ellos recibirán la tierra por heredad. 9Bienaventurados los pacificadores, porque ellos serán llamados hijos de Dios. Mt. 5:5,9

LA ACTITUD QUE ATRAE EL ÉXITO

Estos versos nos hablan de que los mansos y pacificadores recibirán recompensas. Ser manso y pacificador no es algo con lo cual se nace. Son cualidades que se desarrollan. Son actitudes, decisiones con las cuales decidimos vivir. Las actitudes son actos voluntarios que se muestran a diario. Las bendiciones de Dios vienen de acuerdo a nuestra actitud.

Actitud = es una disposición de ánimo que se manifiesta externamente. Rara vez vas a encontrar algo más poderoso y a la vez que puede ser tan devastador, como la actitud en una persona. Para algunos, su actitud encuentra una oportunidad en cada dificultad, y para otros encuentra dificultad en cada oportunidad. A algunos, su actitud les ayuda a vencer los obstáculos y para otros les crea obstáculos donde no los había. Tu actitud o atrae el éxito o lo aleja. ¿Cuál de estas tendencias te describe? Antes de que contestes permíteme darte una buena noticia: puedes escoger la actitud que te ayude o desayude, te añada o te reste. Actitud es una opción que tú tienes. No es un sentimiento, no es el resultado de un evento o circunstancia.

Cada uno es responsable de construir su modo de ver la vida. La Biblia enseña que lo que un hombre siembra es lo que cosecha (Gal 6:7). Tu actitud es una semilla. Esta determina:

¬ La calidad de tus relaciones con otros

¬ Si eres fragancia o un mal olor para otras personas

¬ Si tu actitud apesta, todo lo que te rodea apestará, pero si es perfumada todo a tu alrededor olerá a fragancia

¬ Actitud determina tornar un problema en una bendición

¬ Con la actitud correcta las personas que son exitosas usan sus caídas como escalones para subir mientras la gente con actitud incorrecta usa las caídas como excusas

¬ 10% de la vida consiste en lo que te pasa y 90% de tu vida depende de cómo respondes a lo que te pasa. Así es que se forma el carácter y nuestro modo de pensar

¬ Investigación médica y científica ha encontrado que una actitud incorrecta en una persona determina opresión y que causa más daño interno que una enfermedad.

¬ Tu estado de salud lo determina no lo que comes, sino lo que te está comiendo a ti. Si tu actitud es correcta en cada rio encontrarás un puente y en cada prisión una puerta.

En Deut. 30:19 Dios nos ordena escoger entre la vida y la muerte, la bendición y la maldición. Pero va más allá, nos dice lo que debemos escoger. Nos muestra los beneficios de tomar la decisión correcta y las consecuencias de tomar la incorrecta. El escoger vendrá como una respuesta a nuestra actitud al ofrecimiento. La actitud siempre es la respuesta ante una circunstancia o a actos de personas.

Tu actitud determina tu fe. En Mt. 9:29 vemos a dos ciegos que recibieron la vista porque tuvieron una actitud correcta al seguir a Jesús a pesar de su ceguera. Miremos la mujer en Lcs. 8, la del flujo de sangre. Recibió su sanidad porque tuvo una actitud de arrojo, fe y valentía. Por eso fue sanada.

Si un cristiano dice: "yo lo puedo lograr" y otro dice: "yo no lo puedo lograr"; ¿cuál de los dos está correcto? Pues ambos. Según piensa el hombre así es el tal (Prov. 23:7)

Dios quiere que tengamos una actitud de ganadores. Muchas de nuestras actitudes han sido formadas por nuestras circunstancias en vez de por la Palabra y el Espíritu de Dios en nosotros. Un consejo divino es:

¬ *Mt. 11:29 "Llevad mi yugo sobre vosotros, y aprended de mí, que soy manso y humilde de corazón, y hallareis descanso para vuestras almas".*

--Dios, a través del Espíritu Santo, escoge a alguien para que sea tu mentor.

¬ Jesús fue un Mentor. Tu mentor es alguien que constantemente te enseña lo que quieres saber. El tener un mentor es aceptar el conocimiento perfecto de un hombre imperfecto. Josué aprendió de Moisés. Timoteo aprendió de Pablo. Eliseo aprendió de Elías. Observa cuidadosamente sus vidas exitosas y verás que no fue algo ni secreto ni anormal. Las razones de su éxito aflorarán. Atesora a tus mentores. Persigue y extrae el conocimiento de los mentores que Dios ha puesto disponibles en tu vida.

¬ **Jesús fue un discipulador.** La sabiduría empieza con la corrección. Los errores deben ser expuestos, de lo contrario se convertirán en horrores. Las equivocaciones deben ser admitidas. Piensa en tu vida y en la persona que más te enseñó. Probablemente fue esa persona la que te corrigió más. El infierno está lleno de gente que rechazó la corrección. El cielo está lleno de gente que la aceptó. Aprende a escuchar. Alguien sabe algo que tú no sabes. Esa información puede ser vital. Tú tienes que escuchar para recibirla. Recuerda que tu actitud determina tu altitud.

¬ **Jesús escogió bien a sus amistades.** Hay cuatro tipos de personas en tu vida: aquellos que suman, restan, dividen y multiplican. Aquellos que no te aumentan, inevitablemente te disminuirán. Es la responsabilidad de otros discernir tu valor. Una persona polémica es un agitador. Él/ella propaga descontento, frustración y desconfianza. Chismea, difama, promueve conflicto. No te alimentes ni te asocies con personas así. Sus actitudes te pueden contaminar.

Jesús amó sobre todas las cosas. Lo demostró con su obediencia y su vida. Amar, además de ser una orden divina, es una actitud, una decisión que decimos tomar o no.

Jesús vino a servir y no a ser servido. Servir es otra actitud. Cuando seas mentor de alguien, ellos te seguirán por el nivel de servicio, amor y entrega que tú demuestres a otros. Tu actitud los acercará o los alejará porque la actitud habla más fuerte que las palabras.

UN LÍDER AL CIEN DESTRUYE FORTALEZAS

Cada persona nacida de nuevo es un líder, un vencedor. Un líder del Reino es una persona que opera bajo principios, leyes, obediencia y fe. Funcionan bajo un fundamento. Estos vencedores, los líderes al cien, no toman decisiones basados en realidades sino en la Verdad. Lo que te hace vencedor es tu fundamento, no el conocimiento humano. Es la sabiduría. Ésta es conocimiento aplicado según Dios. La sabiduría derrota las fortalezas.

Leemos en 2 Corintios 10:4 *porque las armas de nuestra milicia no son carnales, sino poderosas en Dios para la destrucción de fortalezas,...*

¿Qué es una fortaleza? Es cualquier idea o pensamiento que se mete en nuestra mente y se acepta como un hecho. En base a ese pensamiento que veo como mi verdad, yo actúo. Cada día se arraiga más en mí, hasta que me gobierna en todo lo que pienso, digo y hago. Ya sea que la fortaleza sea una adicción, resentimiento hacia alguien, desesperación por una perdida, etc. Es algo que consume muchísimo de nuestra energía emocional y mental, de modo que nuestra vida abundante se siente sofocada, nuestro llamamiento permanece sin llevarse a cabo y en muchas áreas de nuestra vida somos inefectivos. En otras palabras nos hace presas de las metas del enemigo.

Una fortaleza te hace:

♦ Gastar 5 dólares de energía en un problema de cinco centavos

♦ Ver que la banda no sabe tocar cuando en realidad es que no sabemos bailar.

♦ Responder a la crítica de la gente cuando sólo debemos responder a Dios.

♦ Te hace convertirte en una nube cuando estas llamado a ser una estrella.

♦ Crear adicciones.

Miráis las cosas <u>según la apariencia.</u> Si alguno está persuadido en sí mismo que es de Cristo, esto también piense por sí mismo, que como él es de Cristo, así también nosotros somos de Cristo. <u>2 Corintios 10:7</u>

<u>El campo de batalla del enemigo es nuestra mente.</u> El enemigo usa las fortalezas para distorsionar la manera en que vemos las cosas versus como las ve Dios. Nos engaña con percepciones y apariencias. La meta principal de nuestra guerra es recuperar nuestra mente y pensamientos y llevarlos a pensar cómo piensa Cristo, ya que fuimos hechos a Su imagen y semejanza debemos pensar cómo piensa Él. El blanco principal del enemigo es la mente porque si logra afectar nuestros pensamientos, logrará afectar nuestro comportamiento. Su juego consiste en hacernos creer ciertas cosas y créame, él hizo muy bien su trabajo en el Edén y aún lo sigue haciendo.

Recuerda que satanás es el padre de las mentiras (Juan 8:44). No hay verdad en él. Sin embargo <u>su especialidad es retorcer una mentira hasta que parezca una verdad. Cuando una mentira ha crecido en nuestra manera de pensar estamos atrapados por una fortaleza.</u>

<u>Considere algunos ejemplos y cosas que creemos:</u>

-Los 12 espías que envió Moisés

-Nunca podré tener la victoria sobre este comportamiento compulsivo. Lo he tenido por mucho tiempo.

-No puedo evitar este desorden; estoy atrapado(a) y no hay nada que pueda hacer.

-Sé que esto está mal, pero realmente necesito hacer esto para seguir adelante.

-Soy totalmente indigno, un fracaso total.

-Yo tengo el control aquí. Esto no me controla a mí.

-Yo sé cuando parar.

-Después de todo lo que he sufrido, me lo merezco.

-Después de todo me pega porque es mi culpa y me lo merezco.

-No hay nada malo en esta relación. Lo que pasa es que la gente no me puede entender

-Todos también fallan, después de todo yo también soy humano.

-Puede que Dios ayude a otros, pero a mí no me oye ni me ayuda.

-Tendré que esperar a llegar al cielo para dejar de sufrir.

-Dios no puede llenar el vacío en mi vida. Necesito algo más.

-No tengo tiempo en este momento para trabajar en la iglesia y Dios lo sabe.

-No tengo futuro.

-No necesito responder a ese llamado porque yo no estoy preparado.

-Cuando sea bueno y cambie vendré a la iglesia.

-Yo no soy malo, yo no mato ni robo.

Algunas veces somos muy tolerantes con las mentiras e incluso las alimentamos. Tenemos que entender que los planes de satanás siempre son contrarios a los planes de Dios. Sus pensamientos son opuestos a los de Dios. Dios quiere liberarnos de las habitaciones de lo secreto u oculto para traernos a un lugar de gozo, libertad, con la identidad correcta. El sistema del diablo es mantenernos en una posición con que pueda usar nuestros pensamientos (porque nos adueñamos de ellos), y así aplastarnos con la culpa, la miseria y la vergüenza. Te toca a ti destruir tus fortalezas.

Dios toca a tu puerta para que respondas. Si Él llama y no abres, no entra, pues Él es un caballero. Él respeta nuestras decisiones aunque estemos equivocados. En el camino nos hace ver si estamos equivocados o en lo correcto. Si queremos vivir en libertad y ser felices tenemos que destruir fortalezas y renunciar a las mentiras que el enemigo nos ha hecho creer usando a personas o eventos en nuestra vida. El vivir una vida victoriosa requiere valor, pero ese coraje nos lleva a una libertad gloriosa. Jesús vino a darnos vida y vida en abundancia. (Juan 10:10) ¿LA QUIERES HOY?

13

UN LÍDER AL CIEN ES INNOVADOR

18Y ahora, Dios le dice a su pueblo: «No recuerden ni piensen más en las cosas del pasado. 19 <u>Yo voy a hacer algo nuevo</u>, y ya he empezado a hacerlo. Estoy abriendo un camino en el desierto y haré brotar ríos en la tierra seca. Isaías 43:18-19

El espíritu del verdadero líder se manifiesta en una <u>actitud innovadora</u>. La naturaleza del líder exige que lleve a sus seguidores hacia un mundo de visión todavía no descubierto por ellos. <u>La innovación es la reserva creativa de los verdaderos líderes</u>. La meta máxima de un líder es el logro exitoso de una visión predeterminada. Su función es proveer un sentido de propósito, visión, motivación, entusiasmo y un ambiente productivo para llevar a cabo la meta. Un atributo clave del liderazgo en este sentido es tener una mente innovadora y creativa.

-Un verdadero líder tiene la capacidad de pensar fuera de su contexto (situación).

-Aprenden de sus experiencias pero nunca viven de ellas.

-Nunca viven sus vidas por experiencias previas o de lo contrario se encerrarían en su pasado.

-<u>Los líderes son personas que no permiten que el pasado dicte su futuro</u>.

-Poseen la capacidad de combinar ideas antiguas para crear nuevas.

-Nunca creen que exista sólo una manera de hacer las cosas.

-<u>Un verdadero líder nunca es prisionero de la tradición</u>.

-Los líderes no siguen los senderos, ellos abren camino.

-Se aventuran donde otros ni intentan pasar.

-Saben que Dios les ofrece en la vida grandes oportunidades.

-Los líderes toman tiempo para escuchar a Dios y escuchar las cosas nuevas que Él todavía no ha hecho y que nos va a usar a nosotros para llevarlas a cabo.

-No te opongas a los cambios; sé un innovador como lo es tu Creador.

Cada día nos vamos revistiendo del hombre nuevo, conforme a la imagen del que lo creó (2 Cor. 3:18).

Innovación es la capacidad de pensar y crear más allá de lo conocido, desafiando la norma y creer en las habilidades dadas por Dios para resolver problemas. Si te pones de acuerdo con Dios, te enfocarás en tus posibilidades de crear. Tu fe puede hacer que Dios venga a tus circunstancias y te ayude a ver las cosas de manera distinta y sobrenatural. Recuerda que si lo puedes creer, lo puedes crear.

Una mirada a Jesús nos lleva a las siguientes conclusiones:

-Nunca hizo el mismo milagro dos veces de la misma manera.

-Siempre resolvió los problemas de manera inesperada y no tradicional.

-Desafió a sus discípulos a pensar más allá de su contexto.

-Nunca creyó que algo fuera imposible.

-Nunca trató a la humanidad de acuerdo a la norma y expectativa de ellos.

Jesús demostró el espíritu innovador del Creador. Lo hizo así cuando sanó a ciegos, alimentó a las multitudes, cuando resucitó muertos, cuando viajó, cuando pagó sus impuestos. Su estilo de liderato muestra que el verdadero liderazgo exige que siempre consideremos nuevas maneras para resolver los antiguos problemas. Teniendo una mentalidad predeterminada, solo tendrás tradición. Así nunca manifestarás el espíritu de innovación. El no atreverse a innovar controla la creatividad y nos mantiene en la mediocridad. Dios quiere hacer cosa nueva contigo.

Sabes, una semilla puede estar petrificada por siglos, pero cuando se siembra en el terreno correcto y con el abono correcto, dará fruto. Así somos las personas; no importa las cosas y circunstancias que nos hayan pasado, el potencial innato este en nosotros. La meta de Dios es volver a restaurar el espíritu de liderazgo en la mente del hombre. La Palabra de Dios está diseñada para transferirnos verdades que renovarán nuestra vida.

La razón por la cual se envía a los soldados a entrenarse es para que dejen de pensar como civiles y comiencen a pensar con mentes de militares profesionales. De manera similar cuando quieres cambiar tu actitud mental sobre el liderazgo, debes entrenar tu mente. Lo más poderoso que posees sobre la tierra es tu actitud mental. Si tu mente deja entrar ideas equivocadas, fuera del diseño y plan de Dios, puedes venir a congregarte toda tu vida pero estarás viviendo una vida sin el propósito de Dios. Jesús dijo que el Espíritu nos enseñaría la verdad y explicaría las cosas que Él había dicho.

Él sería y es nuestro maestro. Para tener la actitud correcta, debes tener al maestro correcto. La clave para el espíritu de liderazgo es la actitud, en vez de la aptitud. Es decir, no es la habilidad, es la mentalidad. Lo que piensas es más importante que lo que haces. Lo que está atrás y delante de nosotros es poca cosa comparada con lo que está dentro de nosotros. La actitud determina como respondemos en la vida. Para mí, el liderato es 20% talento, habilidad y conocimiento técnico y 80% de actitud. Podemos ver los casos de:

Moisés: Tenía temor, y una baja estima de sus propias habilidades. Todo esto fue desafiado por Dios al mandarlo a salir y sacar a Su pueblo de Egipto. Su actitud fue desafiada.

Josué: Su actitud de temor fue desafiada al Dios ordenarle entrar Su pueblo a la Tierra Prometida. Dios le encomendó ser fuerte y valiente.

Gedeón: Dios retó su imagen de pequeño y débil, su estima, su valor y potencial.

Todos tenían imágenes de sí mismos que no eran correctas. Habían vivido toda su vida con la imagen incorrecta. Imágenes producidas por sus culturas, experiencias u opiniones de otros. Para iniciar el proceso de restauración de tu mente debes hacerte algunas preguntas como: ¿Qué imagen tengo de mí mismo? ¿Cómo me veo? ¿Qué creo que soy capaz? La contestación a estas preguntas define lo que puedes o no puedes ser o hacer. Lo que eres hasta ahora y lo que tienes ha sido determinado por la contestación a estas preguntas. Para hacer cosas nuevas necesitas mente nueva.

14

UN LÍDER AL CIEN EN EL REINO

"El Espíritu de Jehová el Señor está sobre mí, porque me ungió Jehová..."

Me ha enviado a predicar buenas nuevas,
A vendar...
A publicar libertad...
A abrir celdas...
A proclamar...
A consolar...
A ordenar (traer) gloria en lugar de...
A traer gozo en lugar de...
A traer alegría en lugar de...

Es importante que los líderes proporcionen esperanza, confianza, ánimo y ejemplo constante a aquellos a quienes dirigen. El llamado para esta hora es "CONSAGRARSE A HACER DE LA ORACIÓN UNA PRIORIDAD". No hay posibilidad de que una persona sea líder espiritual si no entiende la absoluta prioridad y urgencia de ser una persona de oración. Cuando tenemos este tipo de relación es que obtenemos un corazón sensible a hacer la voluntad de Dios cueste lo que cueste. Podemos estar ungidos (encendidos) pero para hacer la obra se necesita operar en una unción (fuego consumidor) que sólo se obtiene y se mantiene con la oración íntima. La oración íntima, como fuego consume lo viejo y nos deja una unción fresca y nueva.

>Se supone que los líderes van al frente y llevan a sus seguidores a lugares (metas) donde normalmente no se atreverían a ir. Los sacan de lo normal.

>Los lideres van más lejos y antes que otros.

>Los verdaderos líderes hacen que la gente ordinaria haga cosas extraordinarias. Pero cuando el líder no ora al nivel que se necesita para liderar personas en el Cuerpo de Cristo no puede hacer nada de lo anterior.

Es entonces cuando los líderes visionarios corren el peligro de ir demasiado al frente: "porque cuando se va demasiado al frente de las tropas y éstas no ven bien (por falta de intimidad con Dios) se corre el peligro que éstas los confundan con el enemigo y les disparen por la espalda".

>Los líderes visionarios siempre tratan de hacer algo tan grande que "seguramente fracasarían a menos que Dios intervenga".

>Los líderes visionarios son los únicos que pueden predecir el futuro porque son los que se arriesgan a ir allí y traer cambios y así cambiar las circunstancias. (Cristo recibía lo nuevo cuando oraba de noche)

Si queremos continuar creciendo y pasar a otros niveles son necesarios estos cambios. Un cuerpo saludable crece y esto implica cambios que a veces no entendemos ni nos van a gustar. (¿Necesitara nuestra Nación un cambio? ¿Somos relevantes?)

Vemos como ejemplo de esto el caso de David.

I Sam. 6:13 Cuando Samuel ungió a David desde aquel día en adelante el Espíritu de Jehová vino sobre él. Cuando el

Espíritu de Dios vino sobre David, este demostró su poder en la vida de David. Le puso retos, fue protegido, derrotó gigantes y nunca se apartó de la visión de Dios para él. Cuando se enfrentó a Goliat estaba convencido que él y su pueblo saldrían victoriosos. Él se enfrentó al gigante porque tuvo visión. Así es la visión, nos da valor para enfrentar retos y realizar lo imposible.

Hechos 2:30 dice claramente que David era profeta. Los líderes visionarios dejan la queja y se enfocan en el propósito de Dios. Un Goliat moderno puede ser el desánimo del cual nadie está exento. Puede ser frustración. Puede ser la ansiedad, temor. "Y dijo David a Saúl: "No desmaye el corazón de ninguno a causa de él; tu siervo irá y peleará contra este filisteo" (I Sam. 17:32) El corazón desmaya cuando no hay liderato. David sabía que derrotaría al gigante porque estaba ungido y llamado por Dios con propósito.

David mantuvo esta fe toda su vida y aún cuando huía de Saúl conservó su visión. Él sabía que estaba destinado a ser grande, pero que debía esperar su momento. Al final David se convirtió en rey de Israel y gobernó 40 años. Tuvo grandes fallos como hombre, pero nunca perdió la visión de lo que Dios le llamó a hacer sirviendo a su pueblo. "Y reinó David sobre todo Israel; y David administraba justicia y equidad a todo su pueblo" (2 Sam. 8:15) Este versículo denota que David amaba a su pueblo y estaba consagrado a él porque era un líder-siervo.

<u>Un líder al cien en el Reino es:</u>

Uno que está comprometido con una visión que Dios da más allá de lo normal.

Uno que ve claramente una cosa futura y la considera realizable.

Uno que lleva a sus seguidores a alturas que ellos no alcanzarían por sí mismos.

Uno que consistentemente comparte e impulsa la visión de la casa.

Uno que trabaja en equipo y para una meta común.

Uno que hace que la visión se realice, llevándola del papel a la práctica.

Uno que motiva con su ejemplo.

Uno que mantiene el propósito de Dios en su vida en primer lugar.

Uno que ve en una semilla, un potencial. Ve multiplicación en todo lo que Dios le pone de frente.

Uno que hace a un lado las ofensas y perdona a su hermano(a).

Uno que es flexible y se adapta a los cambios.

<u>Lo único que no cambia en la vida es el cambio</u>. Hoy tenemos que entender que muchas empresas y ministerios fallan porque no están preparadas para cambiar y responder con suficiente rapidez ante los tiempos y las crisis.

"Los analfabetas del siglo XXI no serán los que no puedan leer y escribir, sino los que no puedan aprender, desaprender y volver a aprender".

UN LIDER AL CIEN: DAVID

I Samuel 17:17 Y dijo Isaí a David su hijo: Toma ahora para tus hermanos un efa de este grano tostado, y estos diez panes, y llévalo pronto al campamento a tus hermanos.

1. Al igual que Isaías 61, David tenía la unción para hacer cosas y las hizo.

2. Fue fiel en lo poco, cuidando las ovejas y haciendo mandados.

3. (20) Fue presto y diligente a obedecer aunque estaba llamado a ser rey.

4. (22) Corrió al ejército. Le gustaba estar donde estaba la acción.

5. (25-27) Le interesaba saber y ganar las bendiciones para su vida (destino).

6. (28) Prosiguió a su destino sin importarle el comentario de otros (familia).

7. (32) Impartía aliento más que desaliento.

8. (33) No se dejaba desanimar ni acobardar por la opinión de otros

9. (34-35) Había sido adiestrado, sin saberlo para este momento.

10. (36) Reconocía que un hombre de pacto no será vencido por uno sin pacto.

11. (37) Reconocía quien le había dado la victoria y le daba la Gloria.

12. (38-39) No se dejó vestir por ropas que no le pertenecían.

13. (40) Con sabiduría se hace la guerra. Sabía que armas (piedras) escoger.

14. (40) Sabía que el recurso para la victoria estaba en su saco pastoril.

15. (41) Nunca prestó atención al escudero, sabía quién era su enemigo.

16. (42) No se dejó afectar su auto-estima por comentarios sobre su persona.

17. (43) No perdió los estribos porque lo maldijeron.

18. (44) No se dejó atemorizar porque lo amenazaba un gigante.

19. (45) Reconocía las armas con que contaba su adversario pero sabía quién andaba con él.

20. (46-47) No se detuvo a orar ni pedir, sino que declaró y profetizó.

21. (48) Se dio prisa hacia el enemigo, no esperó que lo atacaran.

22. (49-50) Lanzó con todas sus fuerzas contra el enemigo la piedra, el recurso con que contaba y tumbó al gigante.

23. (51) Le cortó la cabeza o sea le tumbó los argumentos a su enemigo.

24. (52) Sabía que tan pronto los suyos empezaran a ver y oler la victoria se le unirían en la batalla.

25. (53) *Y volvieron los hijos de Israel de seguir tras los filisteos, y saquearon su campamento.*

El valor y arrojo de un sólo hombre hizo que un pueblo paralizado, en temor, con inseguridades y una mentalidad de derrota, obtuviese la victoria y pudiesen ser prosperados.

16

UN LÍDER AL CIEN TRABAJA EN UNIDAD

Mateo 12:25 "...Todo reino dividido contra sí mismo, es asolado, y toda ciudad o casa dividida contra sí misma, no permanecerá (prosperará)". Hay muchos factores por lo que una Congregación podría estar dividida en sí misma. Pero lo importante aquí es que si no reconocemos que la está dividiendo podemos trabajar arduamente y no ver los resultados esperados.

¿QUÉ ES LA UNIDAD Y EL TRABAJO EN EQUIPO?

La unidad no es un concepto. <u>Es el diseño de Dios para alcanzar el éxito de manera colectiva.</u> Dios hizo todo en el universo para que trabajase en armonía. En el caso de los hombres creó el matrimonio, la familia, la sociedad, etc.

Tener un grupo de personas juntas trabajando no garantiza el éxito. <u>Podemos estar juntos y revueltos.</u> Para tener éxito se necesita tener todos los componentes correctos y claros en cada una de las personas envueltas en los proyectos.

El mismo Dios trabaja en equipo. Al crear al hombre dijo: *"Hagamos al hombre a nuestra imagen y semejanza".* No dijo voy a hacer, sino hagamos. Lo pudo hacer sólo, Él todo lo puede. Pero nos mostró el modelo correcto al trabajar en equipo.

¿Se montaría usted en un avión sabiendo que el piloto no va a trabajar en equipo con la Torre de Control? Yo no me subiría a tal avión.

UN EQUIPO LO FORMAN PERSONAS INDIVIDUALES:

El recurso más importante de una empresa es su personal. Se necesitan personas que entiendan el trabajo en equipo y que muestren los rasgos correctos, que vayan sobre el individualismo y entren a una mente colectiva y corporativa. Algunos rasgos importantes para que el trabajo en equipo sea efectivo y exitoso lo son tener una actitud correcta, saber relacionarme, enfoque y la visión bien clara.

ACTITUD:

La actitud. <u>Tu actitud determina tu altitud</u>. La gente siempre proyecta en el exterior la forma en que se sienten en el interior.

La actitud dice realmente como es un individuo. Eso se traduce en cómo actúa. Recuerde que <u>la actitud es más importante que la aptitud.</u>

A continuación <u>siete (7) actitudes dañinas</u> para que puedas reconocerlas en ti cuando las veas:

1. La incapacidad de admitir que se ha obrado mal.
2. Tomar la corrección como un asunto personal.
3. Fallar en perdonar.
4. Envidia.
5. Egocentrismo = La enfermedad del yo. La mayor parte de las malas actitudes son consecuencia del egoísmo.
6. Un espíritu crítico.
7. Un deseo de acaparar todo el crédito.

Algunos datos adicionales sobre las actitudes son:

Actitudes incorrectas pueden entorpecer el éxito de un equipo.

La actitud más importante en una persona es la humildad. La primera evidencia de la humildad es mostrar la disposición de escuchar.

Las actitudes tienen el poder de levantar o derribar a un equipo

Las actitudes contagian cuando se exhiben.

Las malas actitudes se contagian más rápido que las buenas.

Las buenas actitudes entre los miembros de un equipo no garantizan el éxito de un equipo, pero las malas actitudes si garantizan su fracaso.

Las malas actitudes no se pueden dejar sin atención porque pueden arruinarlo todo.

RELACIÓN:

Otro rasgo es tu manera de relacionarte. Como te relacionas con las personas muestra como te estás relacionando con Dios.

ENFOQUE:

Un rasgo muy importante es tu enfoque. Una de las razones que más fracaso trae a una persona o a un equipo, es la falta de enfoque. Tus metas necesitarán un enfoque fuera de lo común. El enfoque elimina las distracciones. El enfoque distingue entre lo urgente y lo importante. El enfoque nace con una visión.

TENER UNA VISIÓN CLARA DE LA VISIÓN: (Ej. Torre de Babel)

Estas personas tenían una visión clara de lo que querían. Tenían una foto mental del producto ya terminado, de la meta ya alcanzada. Si no te pintas un cuadro claro en tu mente de lo que quieres en la vida, nunca lo alcanzarás. No se puede andar por la vida disparando flechas al aire. Hay que tener un blanco a que atinarle. Una visión clara trae el entusiasmo. El entusiasmo lo debes unir a:

Comunicación efectiva = esto brinda claridad a la visión.

Claridad = da entendimiento a la visión (respuestas a las preguntas)

Propósito = da dirección a la visión

Metas = da objetivos a la visión

Sinceridad = da integridad a la visión y credibilidad a quien la proyecta

Desafió = da fortaleza a la visión

Pasión = alimenta la visión

Determinación = no se rinde ante los obstáculos

Ejemplo = da responsabilidad a la visión

Estrategia = da proceso a la visión

LOS EQUIPOS TRIUNFANTES HACEN QUE LAS COSAS SUCEDAN. LA META ES MÁS IMPORTANTE QUE LA PARTICIPACIÓN INDIVIDUAL.

UN LÍDER AL CIEN Y SUS DEBILIDADES

NECESITAS CONOCER TU PERSONALIDAD:

¿Cómo eres tú? ¿Eres optimista o pesimista?

¿Es tu forma de pensar abierta, o tienes una mente limitada y cerrada?

Cuando enfrentas un problema; ¿Lo haces con paciencia, esperas, o te desesperas?

¿Cuántas veces piensas en si lo que haces es aprobado por Dios o no?

¿Qué pensamientos pecaminosos te dominan?

Todos necesitamos reconocer nuestras áreas fuertes ya que todos las tenemos. Pero de la misma manera necesitamos reconocer nuestras áreas débiles, que también todos tenemos, porque estas son las que más nos pueden destruir.

Una debilidad puede destruirte. Si te niegas a reconocerla tu destrucción está garantizada. Todos tenemos una debilidad dominante y si la reconoces y decides eliminarla de tu vida te ahorrarás mil noches de lágrimas y una vida de perdedor. Las cosas que comienzan de manera pequeña pueden hacerse gigantescas. La codicia, la lujuria, la mentira, la falta de oración, aun los chistes y los chismes pueden crecer hasta que tu debilidad se convierta en tu infierno. Tu debilidad dominante es como un pequeño cáncer que va creciendo y devorando tu organismo. No puedes darte el lujo de ignorar y no trabajar tu debilidad.

Es como una fuerza mortífera que mueve tu vida hacia la destrucción. Si la ignoras destrozará cada sueño, cada relación valiosa, y hará de ti un desgraciado en esta tierra.

VERDADES A RECORDAR DE TUS DEBILIDADES

1. Todo el mundo tiene una debilidad. Lo que pasa es que muchos las disfrazan.

2. Dios, tu Padre, está consciente de tu debilidad. A Él le importa. Te quiere dar la fortaleza para destruirla.

3. Tu debilidad dominante es una puerta de entrada para la contaminación.

4. Dios hará un esfuerzo para revelarte tu debilidad antes de que te destruya.

5. Alguien será asignado por el diablo para alimentar y fortalecer tu debilidad. Recuerda: Dalila destruyó a Sansón.

6. Tu debilidad perseguirá y abrazará cualquier amistad que la permita, la alimente o la disfrute.

7. Tu debilidad tiene una agenda, un plan para ocupar tu vida y sabotearla.

8. Tu debilidad se unirá con las personas equivocadas.

9. Tu debilidad te separará de la gente correcta. Adán se apartó de Dios en el Edén.

10. Tu debilidad puede aparecer en cualquier momento de tu vida. Recuerda que lo que fracasas en conquistar a temprana edad, te destruirá más adelante.

11. Tu debilidad no puede ser superada con argumentos o fuerza de voluntad. Si tú pudieras superarla por ti mismo, la sangre de Jesús y el Espíritu Santo serian innecesarios. Para eso se nos dio poder de lo alto. (Hechos 1:8)

12. Tu debilidad no requiere necesariamente de una confesión personal a todos, sino el reconocimiento de ella en la presencia de Dios.

13. El tiempo más fácil para destruir tu debilidad es en su estado de gestación. Hoy en día miles odian los mismos cigarrillos que están fumando. Pero el tiempo los ha esclavizado.

14. Dios permitirá que disfrutes muchas victorias aún cuando tu debilidad está operando dentro de ti. Él es paciente y provee para la liberación.

15. Aquellos a quienes amas, están en las sombras, esperando que superes y triunfes sobre tu debilidad. Recuerda lo que pasó cuando David mató a Goliat.

16. Tu debilidad puede ser superada a través de la Palabra de Dios. Satanás huye de la Palabra de Dios. Por eso Jesús usó la misma cuando fue tentado por él.

17. El vencer tu debilidad te traerá una increíble recompensa aquí y en la eternidad.

Debes y tienes que convertirte en enemigo de tu debilidad.

RECUERDA QUE:

1. Lo que fracasas en destruir finalmente te destruirá. Ej. Saúl y los amalecitas.

2. De lo que estás dispuesto a alejarte determina lo que Dios te traerá. Judas jamás se alejó del dinero.

3. Todos los hombres caen; solo los grandes se levantan.

4. Deja de mirar en donde has estado y comienza a mirar hacia dónde vas.

5. No puedes corregir lo que no estás dispuesto a confrontar.

6. La crisis siempre ocurre cuando viene un cambio. Ahí sale a flote tu debilidad.

7. El enojo es el lugar de nacimiento de las soluciones. Odia tu debilidad.

8. La lucha es prueba de que aún hay áreas que conquistar.

9. Lo que puedes tolerar no lo puedes cambiar. No puedes ser tolerante. Si piensas que tu debilidad es sólo algo pequeño, tarde o temprano te hará daño.

10. Cada relación o alimentará una debilidad o una fortaleza en ti. Cuida con quien te relacionas.

Entiende que Dios quiere ayudarte y bendecirte pero eres tú quien tiene la última palabra en ese asunto de tu debilidad dominante. Si decides no luchar contra ella, te estás poniendo de acuerdo con el enemigo para ser derrotado. Estás conspirando con el enemigo contra ti al abrir una puerta y permitiendo que tu debilidad gobierne tu vida.

No se llega a ser un líder al cien si no se vence lo que nos quiere vencer. Todos andamos con el pecado y tentación morando en nuestra carne. Pero una cosa es que seamos tentados y luchemos contra esa tentación y otra es que de forma constante estemos cayendo y siendo víctima de la misma. Tu debilidad dominante no es invisible. Otros la ven en ti y nadie seguirá a un líder que es esclavo de una debilidad. Recuerda que lo que hoy no puedes gobernar terminará gobernándote mañana.

¿Quieres lo de Dios? Tienes que estar dispuesto a cambiar lo que sabes de ti que está mal. Salmo 51.

18

UN LÍDER AL CIEN Y LA CRÍTICA

CÓMO ENFRENTAR LA CRÍTICA:

Nehemías 4:1-3 Cuando Sambalat se enteró de que estábamos reconstruyendo el muro, se enojó mucho. Se puso furioso y <u>comenzó a burlarse</u> de los judíos. 2 Delante de sus compañeros y del ejército de Samaria dijo: <u>¿Qué se traen</u> entre manos esos pobres judíos? <u>¿Creen que</u> podrán reconstruir la ciudad y volver a ofrecer sacrificios? <u>¿Creen que</u> podrán hacerlo en un día? <u>¿Piensan que</u> de ese montón de escombros van a sacar piedras nuevas? 3 Tobías el amonita, que estaba con él, añadió: ¡<u>El muro que están edificando es muy débil</u>! ¡<u>Basta que se suba una zorra para que se caiga</u>!

Todo el mundo tiene al menos alguien que le critica. Algunas personas se deleitan y pecan haciendo declaraciones falsas y cínicas, comentarios rudos y sin base como queriendo hacer desaparecer nuestra sonrisa y quitar nuestra energía. Quizás se están vengando porque alguien aplastó sus sueños, Quizás sienten celos, o que nuestros sueños y éxitos alteran su cómodo mundo. Quizás su preocupación es genuina y no quieren que salgamos heridos pero sus comentarios vienen como consecuencia de datos incorrectos o no tienen datos. Quizás son ignorantes y se constituyen jueces nombrados por Dios en la tierra para decretar juicios y sentencias sobre las demás personas.

No importa tu motivación. Si tienes sueños, puedes esperar que alguien te ataque. Pero quienes convierten sus sueños en realidad, deben tener la habilidad de ver más allá de la crítica, aceptando lo útil y rechazando lo inútil. Todos tenemos la responsabilidad de aprender a lidiar con la crítica. ¿Te has puesto en la posición de David? ¿Cómo será tener un enemigo que ande buscando a uno todos los días para matarlo? Sabes; los verdaderos sueños causan conflicto y persecución. ¿Lo notaste cuando te convertiste?

Tengo que admitirlo; yo tengo grandes sueños. Sueño con una iglesia que lleve un mensaje positivo de gracia y amor bíblico a un pueblo que se pierde; unos por no conocer a Cristo y otros porque lo conocen incorrectamente. Sueño con una iglesia que impacte a la comunidad, no sólo a un grupito santo. Una iglesia que alabe y adore a Dios con una fuerza e intensidad que sane a los enfermos en su ejecutoria. ¡Pero...! Los que estamos muy orientados al crecimiento, a ver la gente prosperar y ser felices, más allá de tener una iglesia de mantenimiento, estaremos bajo continua sospecha en cuanto a nuestras motivaciones por empujar a la iglesia a alcanzar y servir a otros.

Si queremos alcanzar y hacer realidad los planes de Dios, debemos y tenemos que cuidarnos de los que tienen el espíritu de <u>Sambalat</u>. <u>Para éste y su alianza palestina, la reconstrucción de las murallas no era un sueño, sino una pesadilla</u>. Su frágil control de Jerusalén se le escapaba de las manos. Como suelen hacer las personas inseguras, su primera línea de defensa es la <u>crítica calculada para desmoralizar</u> a los constructores, <u>debilitar</u> su determinación y <u>destruir</u> su esperanza. Se <u>mofaron</u> de su destreza, <u>cuestionaron</u> sus motivaciones, <u>ridiculizaron</u> su entusiasmo, <u>cuestionaron</u> su entender de la realidad y <u>denigraron</u> su labor. Las cosas hasta hoy no han cambiado mucho. Enseñar a responder a la crítica es la labor a la que Dios me ha llamado hoy.

¿Cómo un visionario como Nehemías responde a ataques verbales?

Él no enfrentó a sus críticos. Tampoco albergó ira. Se presentó al Único que podía hacer algo. Nehemías oró. Reconoció que esto era algo más que dos líderes fuertes con posiciones encontradas. Esto era una <u>guerra espiritual</u>. Si estamos de lleno en la causa del trabajo de Dios tenemos que esperar lo mismo. Cada soñador debe aprender a vivir con la crítica. Si vamos a soñar y ver nuestros sueños convertidos en realidad, tenemos que desarrollar la habilidad de evaluar el valor de la crítica, examinar sus motivaciones y saber con sabiduría como responder apropiadamente, y en algunos casos, no responder.

Nehemías nos da unos ejemplos.

Primero: <u>Exprésale</u> tus sentimientos a Dios, no a los humanos. (Fil. 4:6)

Segundo: <u>Continúa</u> con tu tarea. Una característica de las personas exitosas es que no se detienen ni desvían por el ataque ni la crítica.

Tercero: Determina la respuesta apropiada. ¿Debes mantener las cosas entre tú y Dios? ¿Debes hablar? Pablo nos aconseja: (Ef. 4:29-32) Si tenemos coraje o malicia en nuestros corazones es mejor que nos callemos la boca y sigamos hablándole a Dios, o de lo contrario, nuestros críticos nos llevarán a revolcarnos en su misma porquería.

Cuarto: Evalúa lo que se dice. La crítica nos lleva a hacer una evaluación. Una de las grandes lecciones de la vida es saber que; "a veces hasta los tontos tienen razón". Seamos sinceros; siempre podemos mejorar lo que somos y lo que hacemos. Si nuestros críticos están mal, nuestra integridad y fruto hablarán por si solos. De hacer falta alguna enmienda, tenemos que admitirlo, y corregirnos. Gracias a Dios que usó a alguien ahora en lugar de después. Debemos cuidarnos de jamás colocarnos en una posición donde no podamos aprender de nuestro peor enemigo. Jamás debemos temerle a la verdad. Esta nos libera.

Quinto: No te preocupes por las motivaciones de sus críticos. Aquí la lección es no rebajarte al nivel de tu crítico. Buscar sus motivaciones es perder el tiempo.

Sexto: Permite que la calidad de tu obra hable por ti. Si te atacan personalmente no vale la pena defenderte. Si haces mucho caso y te desvías, te distraerás y te convertirás en un blanco fácil para personas criticonas.

"Porque no nos ha dado Dios espíritu de cobardía, sino de poder, de amor y de dominio propio". Amén.

"Cuando tu obra hable por ti, no la interrumpas".

UN LIDER AL CIEN Y LA HONRA

Honra = Manifestación de respeto, admiración y estima hacia una persona

LA HONRA TRAE RECOMPENSAS

Mirad por vosotros mismos, para que no perdáis el fruto de vuestro trabajo, sino que recibáis galardón completo. (2 Juan1:8 (Galardón = recompensa)

Si hay una recompensa completa es porque hay recompensa parcial.

DESHONRAR ES INCREDULIDAD

Salió Jesús de allí y vino a su tierra, y le seguían sus discípulos. Y llegado el día de reposo, comenzó a enseñar en la sinagoga; y muchos, oyéndole, se admiraban y decían: ¿De dónde tiene éste estas cosas? ¿Y qué sabiduría es esta que le es dada, y estos milagros que por sus manos son hechos? ¿No es éste el carpintero, hijo de María, hermano de Jacobo, de José, de Judas y de Simón? ¿No están también aquí con nosotros sus hermanas? Y se escandalizaban de él. Más Jesús les decía: No hay profeta sin honra sino en su propia tierra, y entre sus parientes, y en su casa. Y no pudo hacer allí ningún milagro, salvo que sanó a unos pocos enfermos, poniendo sobre ellos las manos. Y estaba asombrado de la incredulidad de ellos.

Y recorría las aldeas de alrededor, enseñando. Mrc. 6:1-6

¿Quieres "asombrar" a Jesús? Lo haces siendo Incrédulo.

FE ES HONRAR

Pero sin fe es imposible agradar a Dios; porque es necesario que el que se acerca a Dios crea que le hay, y que es galardonador de los que le buscan. Por la fe Noé, cuando fue advertido por Dios acerca de cosas que aún no se veían, con temor preparó el arca en que su casa se salvase; y por esa fe condenó al mundo, y fue hecho heredero de la justicia que viene por la fe. Por la fe Abraham, siendo llamado, obedeció para salir al lugar que había de recibir como herencia; y salió sin saber a dónde iba.

Por la fe también la misma Sara, siendo estéril, recibió fuerza para concebir; y dio a luz aun fuera del tiempo de la edad, porque creyó que era fiel quien lo había prometido. Hebreos 11:6-8,

Nosotros tenemos una gran Ventaja sobre todos estos personajes porque tenemos al Espíritu Santo. Pero si no lo alimentamos conociendo la Palabra y los Principios es como si no lo tuviésemos y nos pondríamos en la posición de cualquier persona que no tiene a Dios en su vida.

RECOMPENSA PARA ABRAHAM

Después de estas cosas vino la palabra de Jehová a Abram en visión, diciendo: No temas, Abram; yo soy tu escudo, y tu galardón será sobremanera grande. Génesis 15:1

RECOMPENSAS A LOS QUE HONRAN

Dios rechaza a los tramposos, pero acepta a los honrados.
Proverbios 11:1

Más vale ser pobre pero honrado, que ser rico pero tramposo.

Dios quiere que seas honrado en todos tus negocios.

La gente honrada se aparta del mal, y así protege su vida.

LA HONRA TRAE AUTORIDAD

Las Historias Bíblicas tienen el propósito de enseñarnos cosas que Dios quiere que practiquemos. Estas enseñanzas no pasan de moda porque son "principios eternos". Provienen de un Padre Dios que no cambia. Él es el mismo ayer, lo es hoy y lo será siempre.

♦ Una oportunidad que la sabiduría nos muestra es la del honor. Si en tu vida no te va bien, ni progresas, Dios no cambiará tu vida a menos que tú cambies a quién tu honras.

♦ Honor está al alcance de tu disponibilidad de recompensar a otra persona.

♦ La diferencia en cada ciclo o temporada en tu vida, se construye en base a quién tú escoges honrar. En otras palabras, tú construyes lo que sucederá en cierto tiempo en tu vida.

♦ Honor es la semilla que crea el acceso a un ambiente. José mostró honor en su conversación con el Faraón. El apóstol Pablo mostró respeto cuando habló con Agripa.

♦ El rol dominante de la sabiduría es hacerte discernir a quién tú debes honrar. Este fue el secreto de Esther cuando honró el consejo de Mardoqueo.

♦ Si tú sabes a quién Dios honra, entonces tú sabrás a quién debes honrar. Es por eso que la Biblia nos enseña a no tocar a los ungidos de Dios.

♦ El honor te hace perseguir algo o alguien. Josué honró a Moisés. Ruth honró a Noemí y luego a Booz. Eliseo honró a Elías. Tu respeto a la grandeza de otro es el primer paso para que consigas el favor de Dios y tu propia grandeza.

♦ Tener el favor de Dios es tu decisión. Nunca olvides que Dios puede tornar cualquier cosa que aparenta ser mala en buena.

♦ Celebra y honra a aquellos a tu alrededor de ti que tienen el favor de Dios y se ve su grandeza. Rehúsa culpar a otros por los resultados de tus decisiones. Establece hábitos y rituales de éxito, no de pérdida de tiempo.

♦ Los hábitos son el vehículo que te lleva a un futuro deseable o indeseable. Lo que tú haces día a día está creando lo que tú eres y serás.

♦ Si no haces una agenda para tu bienestar futuro, el dolor lo hará por ti. Deut. 30:19

♦ Muévete hacia el orden. El orden aumenta tu productividad. Tu productividad aumenta tu contribución. Tu contribución determina las recompensas que recibirás en la vida. Orden es hacer lo correcto, en el tiempo correcto, en el lugar correcto.

HONRA TRAE AUTORIDAD. AUTORIDAD TRAE RECOMPENSA

Entrando Jesús en Capernaum, vino a él un centurión, rogándole, y diciendo: Señor, mi criado está postrado en casa, paralítico, gravemente atormentado. Y Jesús le dijo: Yo iré y le sanaré. Respondió el centurión y dijo: Señor, no soy digno de que entres bajo mi techo; solamente di la palabra, y mi criado sanará. Porque también yo soy hombre bajo autoridad, y tengo bajo mis órdenes soldados; y digo a éste: Ve, y va; y al otro: Ven, y viene; y a mi siervo: Haz esto, y lo hace. Al oírlo Jesús, se maravilló, y dijo a los que le seguían: De cierto os digo, que ni aun en Israel he hallado tanta fe. Mateo 8:5-10

Luego Jesús le dijo al capitán: Regresa a tu casa, y que todo suceda tal como has creído. En ese mismo instante, su sirviente quedó sano. Mateo 8:13

♦ Miremos la posición de este Centurión romano: hay 6 mil soldados en una Legión Romana y un solo Comandante. En ésta, hay 60 centuriones. Cada uno comanda 100 hombres.

♦ Este Centurión está diciendo: yo tengo autoridad porque honro sirviendo a mi país, honro sirviendo y estando bajo autoridad de mi Comandante. Así que lo que tengo es que decir la orden, y la Autoridad que me concede la honra, hace que los demás respondan de inmediato.

♦ *"Porque yo también"*... Este Centurión, que está sobre los judíos, reconoce que Jesús tiene autoridad porque está obedeciendo, o sea Honrando, a Su padre, y que no es un judío más.

◆ Sabía que Jesús al honrar al Padre, ejercía en un reino invisible y espiritual, la misma autoridad que él ejercía en el reino natural y terrenal. Así que él sabía que lo único que Jesús necesitaba hacer era dar la orden, y en el reino espiritual se le obedecería de inmediato.

◆ Nuestro nivel de Autoridad está condicionado a nuestro nivel de Honra. Si honramos más veríamos toda clase de milagros. Estos serían cosa común en nuestros medios.

◆ Si queremos "maravillar" a Jesús, debemos elevar nuestro nivel de honra.

¿A QUIÉN DAMOS HONRA?

¡Jerusalén, Jerusalén, que matas a los profetas, y apedreas a los que te son enviados! ¡Cuántas veces quise juntar a tus hijos, como la gallina a sus polluelos debajo de sus alas, y no quisiste! He aquí, vuestra casa os es dejada desierta; y os digo que no me veréis, hasta que llegue el tiempo en que digáis: Bendito el que viene en nombre del Señor. Lucas 13: 34-35

◆ Una semana antes de ser crucificado, Jesús hizo esta profunda declaración de cómo debiera el ministerio continuar una vez Él ya no estuviese presente:

De cierto, de cierto os digo: El que recibe (Honra) al que yo enviare, me recibe (Honra) a mí; y el que me recibe (Honra) a mí, recibe (Honra) al que me envió. Juan 13:20

♦ Puesto de otra manera lo que significa es:

No verás nada de Mí hasta que honres a los que yo envíe a hacer un trabajo en mi nombre. Está diciendo que se manifestará sobre aquellos que bendigan y honren a los que Él envía.

El que a vosotros recibe (honra), a mí me recibe (honra); y el que me recibe (honra) a mí, recibe (honra) al que me envió. El que recibe (honra) a un profeta por cuanto es profeta, recompensa de profeta recibirá; y el que recibe (honra) a un justo por cuanto es justo, recompensa de justo recibirá. Y cualquiera que dé (honre) a uno de estos pequeñitos un vaso de agua fría solamente, por cuanto es discípulo, de cierto os digo que no perderá su recompensa. Mateo 10:40-42

HONRANDO A UN HOMBRE DE DIOS
2 Reyes 4:8-37

HONRANDO A UN ENVIADO DEFECTUOSO

Y Ana le respondió diciendo: No, señor mío; yo soy una mujer atribulada de espíritu; no he bebido vino ni sidra, sino que he derramado mi alma delante de Jehová. 1 Samuel 1:15

No tengas a tu sierva por una mujer impía; porque por la magnitud de mis congojas y de mi aflicción he hablado hasta ahora. 1 Samuel 1:16

¿Quién era el que le iba a hacer el milagro a Ana, Elí o Dios?

¿A quién honró cuando honró a Elí? Daba honra a Dios.

20

GOTAS DE SABIDURIA

No puedes escalar montañas sólo estudiando piedritas.

Las personas de éxito hacen a diario lo que las personas sin éxito hacen ocasionalmente.

La actitud del siervo decide la atmosfera de un palacio.

Cada acto de obediencia acorta la distancia a un milagro.

La desobediencia es tan atractiva a Dios como lo es un repelente a un mosquito.

El poder y autoridad de tu voz en los cielos será tan fuerte como tan grande sea tu perdonar en la tierra.

No es fácil vivir por fe; pero es más difícil vivir sin ella.

Ningún problema puede resistir el ataque de tu fe.

No dejes que te afecte la envidia de otros. Es la única manera que ellos tienen de mostrarte su admiración y aplaudirte.

Conduce tu vida como cuando lo haces con tu automóvil. El cristal delantero es más grande que el retrovisor. Esto te dice que lo que tienes por delante es mayor que lo que dejaste atrás.

Todo acto de fe comienza con una imagen; toda

www.ingramcontent.com/pod-product-compliance
Lightning Source LLC
Chambersburg PA
CBHW071624040426
42452CB00009B/1478